Heimkehr der Verlorenen

Alexander Basnar

Krumau um Kamp 2022

Bibliographische Informationen der Deutschen Nationalbibliothek:
Die Deutsche Nationalbibliothek verzeichnet diese Publikation in
der Deutschen Nationalbibliographie; detaillierte bibliographische
Daten sind im Internet über www.dnb.de abrufbar.

Coverdesign und Titelbild: Alexander Basnar

John Mac Arthur Studienbibel Schlachter 2000 – © CLV Bielefeld
und Genfer Bibelgesellschaft

Herstellung und Verlag:
BoD – Books on Demand, Norderstedt
ISBN: 978-3-7557-0746-2

Inhalt

Vorbemerkungen

Mit dem Büchlein „Heimkehr der Verlorenen" lege ich Gedanken und Assoziationen vor, die mir beim Betrachten der bekannten Gleichnisse vom verlorenen Schaf, der verlorenen Münze und des verlorenen Sohnes gekommen sind. Diese Texte sind so vertraut, dass man sich fragen möchte, was man hier noch dazu sagen sollte. Ist nicht bereits alles gesagt?

Ich war geradezu empört, als vor vielen Jahren in meiner Gemeinde zum gefühlten hundertsten Mal über den verlorenen Sohn gepredigt wurde – während zugleich der Großteil der übrigen Schrift vernachlässigt wurde! Ist es redlich, den Glauben nur mit ein paar Lieblingstexten zu nähren und zu begründen? Und nun schreibe gerade ich darüber, in meinem Gewissen angestupst vom Herrn, Seinen Gleichnissen einen weiteren Blick zu gönnen.

Diesmal war ich sehr überrascht, denn mir erschlossen sich Zusammenhänge zu anderen Lehren des Herrn, durch welche mir diese Gleichnisse nicht nur „Neues" sagten, sondern sie ließen diese auch lebendiger, ja drängender werden. Neugierde, also die Gier nach Neuem, hat mich nicht angetrieben; ich fühlte mich eher fast gegen mein Interesse gedrängt. Ich habe es aber nicht bereut und stehe beschämt da. Gottes Wort ist niemals abgenutzt. Wenn es langweilig geworden ist, dann wahrscheinlich nur deshalb, weil ich unempfänglich geworden bin. Abgestumpft. Und dieses „alles schon Wissen" und „abgehakt zu haben", stellt mich in bedenkliche Nähe zu jenen, denen der Herr diese Gleichnisse gesagt hatte: das waren die Pharisäer, die besonders Frommen, die auf die weniger Frommen, die Sünder, die Unwissenden herabblickten. So war denn auch meine Empörung über die hundertste Predigt zum verlorenen Sohn ungerechtfertigt. Meine Empörung. Die Kritik an sich ist natürlich zulässig, inwiefern man die ganze Schrift in der Gemeinde zur Geltung bringt, oder nur eine angenehme, vertraute Auswahl.

Als jemand, der nun selbst seit vielen Jahren als Prediger und Lehrer am Wort dient, merke ich aber, wie schwer es ist, meinen eigenen Ansprüchen zu entsprechen, geschweige denn denen des Herrn. Das macht demütig und sollte auch barmherziger machen. Barmherzigkeit ist das, was der Herr Jesus in Seinen Gleichnissen von den Pharisäern einfordert. Barmherzigkeit und Freude über jeden Sünder, der umkehrt. Über jeden Verlorenen, der heimkehrt. Zu denen nicht zuletzt die Pharisäer selbst gehören.

Seit zwei Jahren lebe ich mit anderen Glaubensgeschwistern in einer „Kommunität", einer Gemeinschaft, wo wir den Glauben, unseren Besitz und unser Leben teilen. Das ist eine äußere Form der christlichen Gemeinde, die auch im Neuen Testament bezeugt ist und unseres Erachtens zumindest das anzustrebende Ideal darstellt. Denn dieser Rahmen bietet ausgezeichnete Bedingungen, das Pharisäertum abzulegen. Im täglichen Zusammenleben kann man nämlich nicht lange eine Maske tragen. Im täglichen Beisammensein kann man einander auch nicht so leicht aus dem Weg gehen oder ignorieren. Die Bruderliebe wird zur täglichen Erfahrung, aber auch die Ecken und Kanten der Einzelnen, mit denen man leben lernen muss. Diese Erfahrungen, sowie das Ideal an sich, das mich seit über 15 Jahren fasziniert und begleitet, fließen in meine Betrachtungen mit ein. Diese sind es, die mir den Blick dafür öffneten, die Erlösung nicht länger nur als eine persönliche Sache zwischen Gott und mir zu sehen. Das verlorene Schaf kommt zurück zur Herde, die verlorene Münze kommt zurück zum Vermögen der Frau und der verlorene Sohn kommt nicht nur zum Vater, sondern zur ganzen Familie zurück.

Das gibt all diesen Gleichnissen eine weitere Ebene, die oft übersehen wird. Dass ich in der Frau, der eine ihrer Münzen verlorengegangen ist, nicht Gott sehe, der uns sucht, sondern (ganz allgemein) die Armen, die unsere Hilfe brauchen, mag fürs erste für ein Stirnrunzeln oder Skepsis sorgen. Das Prinzip, auf das ich damit hinweise, ist in der ganzen Heiligen Schrift jedoch hinreichend bezeugt; ob es in diesem Gleichnis gesehen werden muss, mag man diskutieren. Mir geht es in dem Buch nicht um

„trockene Auslegung" nach allen Kriterien der Theologie, sondern um die persönliche Ansprache. Das Wort Gottes will herausfordern, nicht systematisch abgezirkelt werden, um unseren akademischen Bedürfnissen zu entsprechen.

> *„Denn das Wort Gottes ist lebendig und wirksam und schärfer als jedes zweischneidige Schwert, und es dringt durch, bis es scheidet sowohl Seele als auch Geist, sowohl Mark als auch Bein, und es ist ein Richter der Gedanken und Gesinnungen des Herzens. Und kein Geschöpf ist vor ihm verborgen, sondern alles ist enthüllt und aufgedeckt vor den Augen dessen, dem wir Rechenschaft zu geben haben." (Heb 4,12-13).*

In genau diesem Sinn und mit dieser Absicht lege ich dir die folgenden Gedanken vor. Mögen sie dich ebenso ins Licht stellen und herausfordern wie mich selbst. Mögen sie, so dies noch fehlen sollte, auch bei dir die Heimkehr zu Gott und den Seinen bewirken.

Fehleinschätzung

Ich will mit einer Begebenheit beginnen, über die ich mich bis heute schäme. Es war im Gottesdienst, als ich in meinem Sonntagsanzug dasaß. Ich trug seit Jahren am Sonntag ein schöneres Gewand, und ich tue das auch heute noch; die Gründe dafür erspare ich uns hier. Es tut etwas mit uns. Gutes und weniger Gutes. Das Gute liegt in der inneren Vorbereitung auf die heilige Versammlung schon bei der Morgengarderobe. Das weniger Gute erkannte ich an jenem denkwürdigen Sonntag vor rund 20 Jahren:

Vier bis fünf fremde Personen setzten sich in unseren Gemeindesaal. Lederjacken, tätowiert, verlebte Gesichter – Junkies. „Was tun die denn hier?", schoss es mir durch den Kopf, und ich war irgendwie froh, dass sie nicht neben mir Platz nahmen. Plötzlich standen sie während des Gottesdienstes auf und erzählten von ihrer Arbeit unter Drogensüchtigen, und auch, wie sie selbst frei wurden. Ein Bruder, der sich sehr für diese Arbeit einsetzt (bis heute), hat sie damals eingeladen zur Ehre Gottes davon zu berichten. Wie schämte ich mich! Ich ging nach der Versammlung zu einem der Besucher hin und bekannte ihm meine herabwürdigenden Gedanken. Bis heute habe ich diesen Gottesdienst nicht vergessen. Was für eine Fehleinschätzung!

Am Beginn der Gleichnisse vom verlorenen Sohn, vom verlorenen Schaf und der verlorenen Münze steht ebenso eine Fehleinschätzung. Diese gab den Anlass für diese vielleicht bekanntesten Lehren des Herrn Jesus:

> *„Es pflegten sich Jesus aber alle Zöllner und Sünder zu nahen, um ihn zu hören. Und die Pharisäer und die Schriftgelehrten murrten und sprachen: Dieser nimmt Sünder an und isst mit ihnen!" (Lk 15,1-2).*

Die Pharisäer glänzten wie ich durch „bessere" Kleidung und urteilten ebenso wie ich damals nach dem Augenschein. Also ungerecht. Für solche Menschen, die sich für etwas Besseres halten, für Menschen, die meinen, Gott näher zu stehen als andere, hat der Herr Jesus nun drei Geschichten bereit. Zwei davon sind sehr kurz, die dritte ist sehr ausführlich.

Die beiden ersten Gleichnisse, die vom Schaf und dem Geldstück, die jeweils verloren gingen und gefunden wurden, enden mit der Feststellung:

> *„Ich sage euch, so wird auch Freude sein im Himmel über einen Sünder, der Buße tut, mehr als über neunundneunzig Gerechte, die keine Buße brauchen!" (Lk 15,7 vgl. Lk 15,10).*

Schön für den Himmel, und schön für die Engel, wenn sie sich freuen können. Aber die dritte Geschichte endet anders:

„Du solltest aber fröhlich sein und dich freuen; denn dieser dein Bruder war tot und ist wieder lebendig geworden, und er war verloren und ist wiedergefunden worden!" (Lk 15,32).

Und so geht es nicht nur um den Himmel, die Engel oder andere, sondern um mich. Kann ich mich darüber freuen, dass Gott die angenommen hat und denen barmherzig ist, von denen ich mich naturgemäß (also aus meiner Überheblichkeit heraus) fern halte? Von denen ich vielleicht sagen würde: Sie haben bekommen, was sie verdient haben?

Für wen erzählt der Herr also diese Geschichten? Zuerst einmal für Menschen wie mich (oder wie vielleicht du auch einer bist), die nach dem Augenschein urteilen und sich für etwas Besseres halten, bzw. die meinen Gott näher zu stehen als andere. Dann aber auch für diese, die durch Menschen wie mich herabgesetzt werden, für die Menschen geringen Ansehens: für Sünder jeglicher Ausprägung, für die Armen, für die Ungebildeten, die von der Gesellschaft Gemiedenen und Verachteten. Es ist eine Einladung für die, die nicht dazugehören, nun doch dazu zu gehören, ohne sich vor denen zu scheuen, die bereits dort sind (oder meinen, es zu sein)!

Der Himmel freut sich darüber, die Engel freuen sich darüber, und auch ich soll lernen mich darüber zu freuen, und den heimgekehrten Bruder in die Arme zu schließen. Gott hat mir seither ein weiteres Herz gegeben, dafür danke ich Ihm. Zu lernen, Menschen zu sehen, wie Gott sie sieht, bleibt aber ein lebenslanger Prozess.

Die Abkehr

Wenn wir jemanden sehen, der völlig auf der schiefen Bahn ist, kann das mehrere Ursachen haben. Die ersten beiden Gleichnisse lassen dieses Verlorengehen auf den ersten Blick eher unschuldig erscheinen, zumindest nicht vorsätzlich.

Das verlorene Schaf

Wir haben in unserer christlichen Gemeinschaft, wo wir als Christen zusammenleben, auch eine Handvoll Ziegen. Für mich als Stadtkind ist es eine neue Erfahrung, Verantwortung für Tiere zu übernehmen. Unser „Goaßbauer" ist zwar ein anderer Bruder unserer Gemeinschaft, aber wir unterstützen da und dort, helfen mit bei der Heuernte oder beim Melken. Wir halten sie auf einer Weide, umgeben von einem Elektrozaun, den wir regelmäßig versetzen müssen. Manchmal funktioniert etwas mit der Elektrik nicht, dann ist der Zaun ohne Strom. Sobald die Tierlein dies bemerken, beginnen sie, sich ihren Weg in die Nachbarschaft zu bahnen, und wir müssen sie wieder einfangen. Zorn ist dabei völlig unangebracht, denn es sind Ziegen, und sie handeln ja ganz natürlich. Es sind intelligente Tiere, aber klarerweise denken sie anders und nicht so weit wie wir. Sie denken: Futter. Und wenn die eigene Weide nicht mehr so appetitlich aussieht, lockt das Grün jenseits des Zaunes umso mehr.

In Israel war es zur Zeit Jesu ein vertrauter Anblick, dass Hirten mit ihren Herden durchs Land zogen. Schafe sind wie Ziegen, ebenso auf Futter versessen, daher leicht ablenkbar, bzw. auf uns Menschen umgemünzt: leicht verführbar. Das Gleichnis des Herrn umfasst nur wenige Sätze:

> *„Welcher Mensch unter euch, der hundert Schafe hat und eines von ihnen verliert, lässt nicht die neunundneunzig in der Wildnis und geht dem verlorenen nach, bis er es findet? Und wenn er es gefunden hat, nimmt er es auf seine Schulter mit Freuden; und wenn er nach Hause kommt, ruft er die Freunde und Nachbarn zusammen und spricht zu ihnen: Freut euch mit mir; denn ich habe mein Schaf gefunden, das verloren war! Ich sage euch, so wird auch Freude sein im Himmel über einen Sünder, der Buße tut, mehr als über neunundneunzig Gerechte, die keine Buße brauchen!“ (Lk 15,4-7).*

Zuerst stellt sich doch die Frage der Verantwortung, oder? Wer ist für das Schaf verantwortlich? Der Hirte. Wenn das Schaf abirrt, kann man zwar argumentieren: *„Dummes Vieh! Warum bist du nicht bei der Herde geblieben?“* Aber es ist eben ein Schaf. Genauso unsinnig wäre es, dem Schaf Vorwürfe zu machen, wenn es von einem Wolf gerissen würde. Es ist Aufgabe des Hirten, auf die

Schafe zu achten. Darum geht er dem verlorenen Schaf nach, sucht es und bringt es zurück zur Herde.

Der Herr Jesus spricht aber nicht von Schafen, denn Schafe können nicht Buße tun, das heißt sie haben kein Schuldbewusstsein, keine Einsicht und können über ihr Verhalten nicht selbstkritisch nachdenken, um es zu ändern. Das können nur wir Menschen, weshalb das Schaf in dem Gleichnis nicht nur zu entschuldigen und der Hirte nicht allein verantwortlich ist.

Was aber ist „schäflich" an uns Menschen? Dass wir abirren können, dass wir vom Weg abkommen, weil wir uns ablenken lassen. Ablenkungen haben ja damit zu tun, in eine andere Richtung abgelenkt zu werden; solche kommen in der Regel von außen, durch Verführung. Petrus sagt dies einmal von uns allen:

> *„Denn ihr wart wie Schafe, die in die Irre gehen; jetzt aber habt ihr euch bekehrt zu dem Hirten und Hüter eurer Seelen." (1.Petr 2,25).*

Je länger man wieder bei der Herde ist, desto mehr vergisst man das. Das ist der Hauptgrund, wenn man auf andere herabblickt: man hat vergessen, wo man selbst einmal war. Wie wurden die 99 Schafe zu jenen 99 „Gerechten", die keiner Umkehr bedürfen?[1] Durch

---

[1] Natürlich hat der Herr Jesus das ironisch gemeint, denn welcher Mensch ist wirklich so gerecht, dass er keiner Umkehr bedürfte?

Vergesslichkeit! Denn von Natur aus ist keiner von uns gerecht gewesen und war darauf angewiesen, vom Hirten gefunden und heimgebracht zu werden. Wenn wir seither treu bei der Herde geblieben sind (wenn!), dann ist das großartig und lobenswert; wenn das aber zu dieser pharisäischen Verachtung der Verlorenen führt, wird diese Gerechtigkeit zu einer sündhaften Selbstgerechtigkeit. Man merkt das, wenn man bei der Heimkehr statt in einer von der Liebe Gottes erfüllten Gemeinschaft anzukommen meint, einen Eiskasten zu betreten. Brrr. War es da in der Verlorenheit der Welt nicht doch wärmer und herzlicher?

Was kann uns also ablenken? Faszination und Neugierde sind menschliche Eigenschaften, durch die wir lernen, unseren Erfahrungshorizont erweitern, mündig werden, um gut und böse zu unterscheiden. Um gut und böse unterscheiden zu lernen, muss man sich zwangsläufig damit befassen. Das macht etwas mit uns. Oft fasziniert uns das Böse mehr als das Gute und zieht uns in seinen Bann. Es muss gar nicht so offensichtlich böse sein. Die meisten neigen dazu, den Weg des geringsten Widerstandes oder der schnellsten Bedürfnisbefriedigung zu gehen. Das prägt uns.

Die Weichen dafür werden oft schon in der Kindheit gelegt. So gab es einmal ein Experiment von Walter

Mischel,[2] der Kindern die Möglichkeit gab, ein Stück Süßigkeit gleich zu haben, oder zwei Stück, wenn sie warten könnten, bis er zurückkäme. Er beobachtete im Verlauf seiner Studie die damals vierjährigen Kinder bis ins reife Erwachsenenalter, um zu sehen, was aus ihnen würde. Die Kinder, die damals bereits warten konnten, hatten später bessere schulische Erfolge, eine höhere Frustrationstoleranz und konnten besser mit Versuchungen umgehen. Das gilt sogar bei Tieren, die man als vergleichsweise intelligent bezeichnet (Schimpansen, Hunde, u.a.). Das klingt so berechenbar, dass es zum Widerspruch reizt. Aber wie ist es tatsächlich bei uns?

Ich war definitiv ein Kind, das in die erste Kategorie fiel: Ich wollte alles jetzt und schnell. Mein Taschengeld war so pünktlich ausgegeben, wie ich es erhalten habe – sparen ist bis heute nicht meine Stärke. Selbstkontrolle? Ein ewiger Kampf. Mein Bruder hingegen, gleich erzogen, gleiche Eltern, kann warten. Seine Biographie bestätigt auch die Tendenzen der Studie von Walter Mischel. Gewiss, Ausnahmen bestätigen die Regel; das bedeutet aber auch, dass die Regel durch Ausnahmen nicht aufgehoben ist. Wenn wir beginnen, uns selbst mittels derer zu rechtfertigen, auf die diese Ausnahmen möglicherweise zutreffen, belügen wir uns selbst.

---

[2] Marshmallow-Experiment

Das ist jedoch eine der Ursachen, warum jeder von uns in unterschiedlichen Graden verführbar ist, warum nicht jeder im selben Maß abweicht. Für die „Braven" bedeutet das, dass sie auf die „Schwachen" und „Verführbaren" nicht herabblicken sollen, denn das Abirren liegt in der unterschiedlich starken Verführbarkeit der Menschen. Letztlich ist jeder mehr oder weniger verführt, also abgewichen.

In unserer Zeit und Kultur sind Tugenden wie Fleiß, Ausdauer, Disziplin, Selbstbeherrschung und Pflichterfüllung eher schlecht angeschrieben, vielmehr wird man ermutigt, seinen Bedürfnissen, Neigungen und Trieben ungehemmt Folge zu leisten. Die antiautoritäre Erziehung ist ein Symptom dieser Verirrung, die vermehrt Menschen des erstens Typs, ungeduldige Menschen wie mich, hervorbringt, bzw. Hedonisten, die nach dem Lustprinzip leben.

Bei den meisten Menschen liegt grundsätzlich keine böse Absicht vor, sondern vor allem ein kurzsichtiges Denken, das sich (zudem kulturell gefördert) in Verhaltensmustern verfestigt hat. Diese können zu allen möglichen Sünden und Süchten führen, weil man über die Jahre auch abstumpft und Gut und Böse nicht mehr klar unterscheidet. Gut ist das, was einem sofort glücklich macht, böse hingegen, was uns eine Anstrengung abverlangt. Plakativ gesagt.

Darum etwa beginnen viele bereits früh, sich an Alkohol und Tabak zu binden und kommen dann auch schwer los davon. Einige, wie die eingangs erwähnten Gäste im Gottesdienst, rutschen gar in die Drogenszene ab. Um diese Süchte finanzieren, geraten wieder viele in die Kriminalität.

Ein anderes Beispiel: Immer früher wollen Jugendliche ihre ersten sexuellen Erfahrungen sammeln, übertreten dabei viel zu früh ihre Schamgrenzen, unterliegen dabei häufig einem Gruppendruck. Die Folge sind häufig ungewollte Teenagerschwangerschaften, die man „wegmachen" will und leider wirklich oft „wegmacht". Dass es hier um ein echtes und eigenständiges menschliches Leben geht, wird ausgeblendet, das Gewissen wird bewusst abgestumpft. Hinzu kommen häufige Partnerwechsel, gebrochene Herzen – all das versucht man zu überspielen, und wiederum geht das Unterscheidungsvermögen von Gut und Böse verloren. Gut ist, was sich gut anfühlt; böse hingegen ist es, verzichten oder sich enthalten zu müssen.

Bis man an einen Totpunkt gelangt, bis man wie ein verirrtes Schaf in der Dornenhecke der eigenen Entscheidungen verheddert ist und nicht mehr loskommt. Blöken hilft! Tatsächlich! Damit meine ich das verzweifelte Rufen nach dem Hirten. Gebet. Der Hirte sucht, aber Er findet nur den, der sich finden lassen will; solange wir noch unsere eigenen Wege gehen, stets auf der Suche nach dem frischeren Grün, nach den besseren Gefühlen und Erfahrungen, solange wird er uns nicht in die Arme nehmen und heimtragen können.

Der Herr Jesus saß mit genau solchen zu Tisch. Mit Zöllnern, Prostituierten und Sündern aller Art. Mit Menschen, mit denen die „Braven", die „Guten", die „Frommen" nichts zu tun haben wollen. Waren alle diese Sünder bereit, sich zur Herde zurückbringen zu lassen? Nein, gewiss nicht.

Aber unter denen, deren Leben so offensichtlich „nicht ideal" ist, findet der Herr viel eher solche, die bereits am Ende sind, an jenem Totpunkt, als unter denen, die sich täglich gegenseitig eine heile Welt vorspielen. Denen, die an sich verzweifeln, sagt der Herr also: „Halt still, ich trage dich nach Hause!"

Damit einher geht eine Befreiung, die in Worten kaum zu beschreiben ist. Die folgende Begebenheit veranschaulicht diese Befreiung gut. Es lohnt sich, sie in voller Länge zu lesen:

„Es bat ihn aber einer der Pharisäer, mit ihm zu essen. Und er ging in das Haus des Pharisäers und setzte sich zu Tisch. Und siehe, eine Frau war in der Stadt, die war eine Sünderin; als sie hörte, dass er in dem Haus des Pharisäers zu Gast war, da brachte sie ein Alabasterfläschchen voll Salböl, und

sie trat hinten zu seinen Füßen, weinte und fing an, seine Füße mit Tränen zu benetzen; und sie trocknete sie mit den Haaren ihres Hauptes, küsste seine Füße und salbte sie mit der Salbe.

Als aber der Pharisäer, der ihn eingeladen hatte, das sah, sprach er bei sich selbst: Wenn dieser ein Prophet wäre, so wüsste er doch, wer und was für eine Frau das ist, die ihn anrührt, dass sie eine Sünderin ist! Da antwortete Jesus und sprach zu ihm: Simon, ich habe dir etwas zu sagen. Er sprach: Meister, sprich!

Ein Gläubiger hatte zwei Schuldner. Der eine war 500 Denare schuldig, der andere 50. Da sie aber nichts hatten, um zu bezahlen, schenkte er es beiden. Sage mir: Welcher von ihnen wird ihn nun am meisten lieben? Simon aber antwortete und sprach: Ich vermute der, dem er am meisten geschenkt hat. Und er sprach zu ihm: Du hast richtig geurteilt!

Und indem er sich zu der Frau wandte, sprach er zu Simon: Siehst du diese Frau? Ich bin in dein Haus gekommen, und du hast mir kein Wasser für meine Füße gegeben; sie aber hat meine Füße mit Tränen benetzt und mit den Haaren ihres Hauptes getrocknet. Du hast mir keinen Kuss gegeben; sie aber hat, seit ich hereingekommen bin, nicht aufgehört, meine Füße zu küssen. Du hast mein Haupt nicht mit Öl gesalbt, sie aber hat meine Füße mit Salbe gesalbt. Deshalb sage ich dir: Ihre vielen Sünden sind vergeben worden, darum hat sie viel Liebe erwiesen; wem aber wenig vergeben wird, der liebt wenig.

Und er sprach zu ihr: Dir sind deine Sünden vergeben! Da
fingen die Tischgenossen an, bei sich selbst zu sagen: Wer ist
dieser, der sogar Sünden vergibt? Er aber sprach zu der Frau:
Dein Glaube hat dich gerettet; geh hin in Frieden!" (Lk
7,36-50)

Was diese Frau empfand, konnte der Pharisäer noch nicht empfinden. Warum? Weil er meinte, 50 Denare schuldig zu sein, sei besser als 500 Denare zu schulden. So rechnet der Mensch. Schuldner sind aber beide, ob sie wenig oder viel schulden. Beide sind abgewichen, vom Weg abgekommen und haben sich in irgendetwas verrannt. Die eine hat sich in einem unmoralischen Leben verrannt, ein Leben, das sie auch öffentlich als Sünderin brandmarkt. Der andere hat sich in ein Leben des frommen Scheins verrannt und merkt nicht einmal, dass er dem Herrn Jesus gegenüber die Grundsätze der Gastfreundschaft verletzt hat.

Vielleicht bist du einer wie mein Bruder. Einer der warten kann, der ein viel diszipliniertes Leben führt als ich. Vielleicht bist du noch nie weinend am Boden gelegen wegen deiner Sünde, wegen deines Scheiterns. Ich kenne diesen Schmerz und diese Scham, und ich weiß von der überwältigenden Freude der Befreiung von der Schuld. So wie Simon der Pharisäer es erleben hätte können, hätte er begriffen, dass es egal ist, ob man 50 oder 500 Denare schuldet. Es ist nämlich egal, ob du dich 50 oder 500

Kilometer von der Herde entfernt und verirrt hast. Du lebst bestenfalls noch in der Illusion, es selbst irgendwie nach Hause zu schaffen. Doch darum werden wir mit Schafen verglichen. Schafe finden nicht nach Hause. Je mehr sie es versuchen, desto mehr verirren und verfangen sie sich. Bis sie nicht mehr können und laut um Hilfe blöken.

Freude ist im Himmel über jeden Sünder, der umkehrt und sich retten lässt. Hat der Himmel schon so über dich gejubelt?

Die verlorene Münze

Etwas anders verhält es sich mit dem zweiten Gleichnis, das der Herr den Pharisäern vor Augen hält. Hier geht es um ein lebloses Geldstück, das verloren gegangen ist:

> *„Oder welche Frau, die zehn Drachmen hat, zündet nicht, wenn sie eine Drachme verliert, ein Licht an und kehrt das Haus und sucht mit Fleiß, bis sie sie findet? Und wenn sie sie gefunden hat, ruft sie die Freundinnen und die Nachbarinnen zusammen und spricht: Freut euch mit mir; denn ich habe die Drachme gefunden, die ich verloren hatte! Ich sage euch, so ist auch Freude vor den Engeln Gottes über einen Sünder, der Buße tut." (Lk 15,8-10).*

Das war schon ein Schock, als ich zu meiner Gesäßtasche griff und meine Geldtasche nicht spürte. Mir wurde heiß

23

und kalt und ich ging in Gedanken alle Wege des Nachmittags durch. Rasch verließ ich das Haus und suchte diese Orte auf. Die Geldtasche war nirgends zu sehen. Ich fragte auf der Polizeistation, ob meine Geldbörse abgegeben worden sei. Fehlanzeige. Ich kam besorgt wieder heim – schließlich waren auch alle Ausweise darin – und ging der drängenden Natur folgend auf die Toilette. Da lag das vermisste Stück: vor der Klomuschel auf dem Fliesenboden. Sie war mir beim letzten Toilettengang aus der Tasche gerutscht. Ein Stein fiel mir vom Herzen. Viele haben Ähnliches erlebt und ihre Geldtasche vielleicht für immer verloren.

Was unterscheidet dieses Gleichnis vom ersten? Oder wie ergänzt es das vorige? Wir haben zumindest eine Ahnung davon, dass Tiere ein Eigenleben haben und können so manches Verhalten leichter auf uns übertragen. Eine Münze hat kein Eigenleben. Im Grunde scheint die Münze willenlos der Schwerkraft gefolgt und physikalisch-kinetischen Gesetzen folgend irgendwohin gerollt zu sein. Dennoch steht auch diese Münze für einen Sünder, der umkehrt und wieder zu den anderen Münzen kommt. Damit gibt es auch bei der Münze (auf uns Menschen umgemünzt) eine Verantwortung, ein Schuldbewusstsein, das geweckt werden muss. Dieses leitet wieder zur Umkehr, d.h. einer grundlegenden Lebensveränderung, einer Neuausrichtung nach Gottes Willen.

Diesmal geht es um eine Frau und ihr Bargeld. Mein Geld ist auf der Bank, am Konto, weshalb das, was ich bei mir trage, immer nur ein wenig davon ist. Damals hatte man das Geld aber in der Regel daheim. Eine Drachme war dasselbe wie ein Denar und galt als der Tageslohn eines Arbeiters, damit wir eine Vorstellung haben. Es ist also kein unermessliches Vermögen verloren gegangen, sondern lediglich ein Tageslohn. Allerdings hatte diese Frau insgesamt nur zehn Drachmen, also gerade einmal so viel, um die Kosten von etwas mehr als einer Woche begleichen zu können. Das war keine reiche Frau, die es sich leisten konnte, eine Drachme einfach so zu verlieren, wie ich es finanziell verkraftet hätte, meine Geldbörse nicht wieder zu finden. Es geht um eine eher arme Frau, die, wenn schon nicht von Tag zu Tag, so doch von Woche zu Woche leben musste. Dementsprechend gründlich krempelte sie ihr Heim um, damit sie die verlorene Münze finde. So groß war die Freude darüber, dass sie das all ihren Freundinnen und Nachbarinnen erzählte.

Wenn man nun einen Menschen mit einem Stück Geld vergleichen will, was soll das heißen? Geld ist kein Selbstzweck, Geld erfüllt verschiedene Zwecke. Als Menschen sind wir nicht planlos in diese Welt gestellt, sondern mit einem Zweck und einem Ziel. Das berührt die großen Seinsfragen, die jeder Mensch sich einmal gestellt haben sollte: „Woher komme ich? Wohin gehe ich? Was ist der Sinn meines Lebens?" Diese Fragen darf man nicht beiseite wischen, denn bleiben sie unbeantwortet, so bleibt auch unser Leben sinnlos, bzw. zufällig und planlos. Gleichzeitig zeigt uns dieses Gleichnis: Der Zweck bist nicht du, noch deine Wünsche und Ziele. Da gibt es eine arme Frau, und du bist ein wichtiger Teil ihres Lebensunterhalts. Nehmen wir das einmal wörtlich:

Witwen zu versorgen war seit jeher ein wesentliches Thema in Israel. Weil Gott die Witwen am Herzen liegen und Er nicht will, dass jemand Mangel leiden muss.

> *„Denn der Herr, euer Gott, Er ist der Gott der Götter und der Herr der Herren, der große, mächtige und furchtgebietende Gott, der die Person nicht ansieht und kein Bestechungsgeschenk annimmt, der der Waise und der Witwe Recht schafft und den Fremdling liebhat, so dass er ihm Speise und Kleidung gibt." (5.Mose 10,17-18).*

Gott versorgt die Witwen, Waisen und Fremden nicht, indem Er Brot und Kleidung vom Himmel fallen lässt, sondern indem Er Sein Volk in die Pflicht nimmt, untereinander zu teilen.

> *„Wenn du den ganzen Zehnten deines Ertrages vollständig entrichtet hast, im dritten Jahr, dem Jahr des Zehnten, und du ihn dem Leviten, dem Fremdling, der Waise und der Witwe gegeben hast, dass sie in deinen Toren essen und satt werden." (5.Mose 26,12).*

So ernst nimmt Gott diese Liebesgaben für die Bedürftigen, dass er einen Fluch auf alle legt, die dieses Gebot brechen:

„Verflucht sei, wer das Recht des Fremdlings, der Waise und der Witwe beugt! Und das ganze Volk soll sagen: Amen!" *(5.Mose 27,19).*

Es ist ein Recht und kein mildtätiges Entgegenkommen, das den Geber als generösen Philanthropen glänzen lässt. Ein Recht und kein Almosen. Dass diese Witwe nur zehn Drachmen hatte, war schon fragwürdig gemessen an den Sozialstandards des mosaischen Gesetzes; umso mehr fällt der Verlust der einen Münze ins Gewicht.

Nun steht die Drachme für einen Mensch. Für einen Menschen, dessen Zweck es ist – wie die Münze – für den Lebensunterhalt der armen Frau zu sorgen. Warum sie in diesem Gleichnis keinen Mann hat, der für sie sorgt, mögen Menschen hinterfragen. Vielleicht ist sie selber schuld? Aber entbindet uns das von der Hilfe? Wollen wir das Urteil über die Armen fällen, oder es Gott überlassen? Sie mag geschieden sein. Jüdische Männer, gerade Pharisäer, entließen ihre Frauen oft aus den nichtigsten Gründen, wodurch diese dann allein und mittellos dastanden. Der Herr Jesus nennt sie nicht eine Witwe. Also eine Verstoßene? Wie gesagt, es muss uns nicht interessieren, aber vor dem gesellschaftlichen Hintergrund ist es eine Randbemerkung wert; denn gerade die, welche familiär gut dastehen und „alles richtig" gemacht haben, neigen manchmal dazu, gescheiterte Beziehungen abschätzig zu beurteilen; die Pharisäer gehörten definitiv dazu.

Darum sehe ich in der verlorenen Münze den Menschen, der sich der Unterstützung der Armen (allgemein gesprochen) entzieht. Denn darauf legt der Herr Jesus so großen Wert, dass er in der Gerichtsrede aufzählt, was die Schafe getan und die Böcke unterlassen haben:

> *„Dann wird der König denen zu seiner Rechten sagen: Kommt her, ihr Gesegneten meines Vaters, und erbt das Reich, das euch bereitet ist seit Grundlegung der Welt! Denn ich bin hungrig gewesen, und ihr habt mich gespeist; ich bin durstig gewesen, und ihr habt mir zu trinken gegeben; ich bin ein Fremdling gewesen, und ihr habt mich beherbergt; ich bin ohne Kleidung gewesen, und ihr habt mich bekleidet; ich bin krank gewesen, und ihr habt mich besucht; ich bin gefangen gewesen, und ihr seid zu mir gekommen." (Mat 25,34-36).*

Die Böcke zur Linken taten genau das nicht und werden dieser Rede gemäß in das Feuer der Verdammnis geworfen. Wahre Gottesfurcht geht immer mit praktischer Nächstenliebe einher. Die Nächstenliebe kann den Glauben und die Liebe zu Gott nicht ersetzen – das wäre das erste Gleichnis: Beim Hirten und Seiner Herde zu bleiben. Glaube and Gott ohne die Fürsorge und Hilfe für Arme ist jedoch ein Gräuel vor dem Herrn, etwas, das

Er (wie oben gesehen) verflucht. Hiob war ein Mann Gottes, der selbst viel Leid erdulden musste. Er drückt sehr treffend aus, was Gott so am Herzen liegt:

> *„Hat nicht der, der mich im Mutterleib bereitete, auch ihn gemacht? Hat nicht ein und derselbe uns im Mutterleib gebildet? Habe ich den Armen versagt, was sie begehrten, und die Augen der Witwe verschmachten lassen? Habe ich meinen Bissen allein verzehrt, und hat der Verwaiste nichts davon essen können?“ (Hiob 32,15-17).*

Die Münze fiel scheinbar willenlos zur Erde. Als ob sie einem unsichtbaren Gesetz folgte, der Schwerkraft; in derselben Weise entziehen wir uns oft der Hilfeleistung gegenüber den Armen, als ob es eine Gesetzmäßigkeit wäre. Diese Gesetzmäßigkeit hängt mit einem schroffen Gegensatz zusammen, den der Herr Jesus wie folgt beschreibt:

> *„Das Auge ist die Leuchte des Leibes. Wenn nun dein Auge lauter ist, so wird dein ganzer Leib licht sein. Wenn aber dein Auge verdorben ist, so wird dein ganzer Leib finster sein. Wenn nun das Licht in dir Finsternis ist, wie groß wird dann die Finsternis sein! Niemand kann zwei Herren dienen, denn entweder wird er den einen hassen und den anderen lieben, oder er wird dem einen anhängen und den anderen verachten. Ihr könnt nicht Gott dienen und dem Mammon!“ (Mat 6,22-24).*

Ein lauteres Auge ist barmherzig, ein verdorbenes hingegen geizig. Das waren damals bekannte Redewendungen. Wie schaue ich den Bedürftigen an? Missgünstig oder mitleidig? Warum sind so viele missgünstig? Es geht um zwei verschiedene Herren: Gott ist der eine, der Mammon der andere. Gott ist der, der sagt: „Teile mit den Bedürftigen!", der Mammon aber sagt: „Tu es nicht, sonst hast du selbst zu wenig. Schau zuerst einmal auf dich!" Gott und Mammon fordern also völlig Gegensätzliches. Darum kann man nicht beiden Herren gleichermaßen folgen.

Der Mammon klingt in unseren Ohren immer sehr vernünftig, denn so funktioniert die Welt. Spare in der Zeit, dann hast du in der Not! Mach dir das Leben angenehmer, du hast es dir ja verdient! Reichtum ist der Weg zur Macht, denn Geld regiert die Welt! Du willst deinen Kindern ja ein gutes Erbe hinterlassen! Außerdem geht es ja auch um deine finanzielle Absicherung; Geld ist Sicherheit.

Die Lehren des Herrn Jesus sind aber radikal anders:

> *„Aber wehe euch, ihr Reichen, denn ihr habt euren Trost schon empfangen! Wehe euch, die ihr satt seid; denn ihr werdet hungern! Wehe euch, die ihr jetzt lacht, denn ihr werdet trauern und weinen!" (Lk 6,24-25).*

„Fürchte dich nicht, du kleine Herde; denn es hat eurem Vater gefallen, euch das Reich zu geben. Verkauft eure Habe und gebt Almosen! Macht euch Beutel, die nicht veralten, einen Schatz, der nicht vergeht, im Himmel, wo kein Dieb hinkommt und keine Motte ihr Zerstörungswerk treibt. Denn wo euer Schatz ist, da wird auch euer Herz sein." (Lk 12,32-34).

Er ist sogar noch direkter und kompromissloser:

„So kann auch keiner von euch mein Jünger sein, der nicht allem entsagt, was er hat." (Lk 14,33).

Der Grund dafür ist wohl der, dass unsere Bindung an den Mammon, unser Vertrauen auf die „Lösungskompetenz des Geldes" so stark ist, dass nur ein radikales Lossagen von allem, was wir besitzen, uns beweisen kann, dass Gott uns tatsächlich versorgt, wenn es uns wirklich zuerst um Ihn, Sein Reich und Seine Gerechtigkeit geht. Dabei richtet der Herr unseren Blick weg von unseren Sparbüchern auf die Natur, die Gott in Seiner Allmacht so wunderbar erschaffen hat und erhält:

„Sorgt euch nicht um euer Leben, was ihr essen sollt, noch um den Leib, was ihr anziehen sollt. Das Leben ist mehr als die Speise und der Leib mehr als die Kleidung. Betrachtet die Raben! Sie säen nicht und ernten nicht, sie haben weder Speicher noch Scheunen, und Gott nährt sie doch. Wieviel mehr seid ihr wert als die Vögel!

Wer aber von euch kann durch sein Sorgen zu seiner Lebenslänge eine einzige Elle hinzusetzen? Wenn ihr nun nicht einmal das Geringste vermögt, was sorgt ihr euch um das übrige? Betrachtet die Lilien, wie sie wachsen! Sie mühen sich nicht und spinnen nicht; ich sage euch aber: Selbst Salomo in all seiner Herrlichkeit ist nicht gekleidet gewesen wie eine von ihnen!

Wenn aber Gott das Gras auf dem Feld, das heute steht und morgen in den Ofen geworfen wird, so kleidet, wieviel mehr euch, ihr Kleingläubigen! Und ihr sollt auch nicht danach trachten, was ihr essen oder was ihr trinken sollt; und beunruhigt euch nicht! Denn nach all diesem trachten die Heidenvölker der Welt; euer Vater aber weiß, dass ihr diese Dinge benötigt. Trachtet vielmehr nach dem Reich Gottes, so wird euch dies alles hinzugefügt werden!" (Lk 12,22-31).

Was uns also in unserer Nächstenliebe hemmt, ist die Sorge um uns selbst, von der das Evangelium uns befreien will. Die Pharisäer, an die diese Worte zuerst gerichtet waren, waren als geldliebend bekannt:

„Das alles hörten aber auch die Pharisäer, die geldgierig waren, und sie verspotteten ihn." (Lk 16,14).

Und wie gingen sie mit den armen Frauen um?

„Hütet euch vor den Schriftgelehrten, welche gern im Talar einhergehen und auf den Märkten sich grüßen lassen und die ersten Sitze in den Synagogen und die obersten Plätze bei den

Mahlzeiten einnehmen wollen, welche die Häuser der Witwen
fressen und zum Schein lange Gebete sprechen. Diese werden
ein umso schwereres Gericht empfangen!" (Mk 12,38-40).

Sie fressen die Häuser der Witwen, wie schäbig!

„Denn Mose hat gesagt: »Du sollst deinen Vater und deine
Mutter ehren!« und: »Wer Vater oder Mutter flucht, der soll
des Todes sterben!« Ihr aber lehrt so: Wenn jemand zum
Vater oder zur Mutter spricht: »Korban«, das heißt zur
Weihegabe ist bestimmt, was dir von mir zugute kommen
sollte!, dann gestattet ihr ihm auch fortan nicht mehr, irgend
etwas für seinen Vater oder seine Mutter zu tun; und so hebt
ihr mit eurer Überlieferung, die ihr weitergegeben habt, das
Wort Gottes auf; und viele ähnliche Dinge tut ihr." (Mk
7,10-13).

Sie bringen die Alten sogar um ihre Altersversorgung, indem sie die Jungen auf religiös-heuchlerische Weise von ihrer Verpflichtung ihren Eltern gegenüber entbinden.

Das Gleichnis und die Lehre des Evangeliums insgesamt fordert jeden heraus, mit Bedürftigen zu teilen, und zwar ohne Rücksicht auf die Bequemlichkeiten und Sicherheiten, die der Mammon verheißt. Lass los, um Jesu Willen!

Ist das leicht? Ist es mir immer leichtgefallen? Es war für mich ein Lernprozess, und zum Teil lerne ich immer noch. Was mir klar wurde ist, dass ich unmöglich jedem Bettler helfen kann; auch, dass ein Almosen keine Komplettversorgung, sondern lediglich eine Überbrückung für diesen einen Tag ist. Das Haus für Obdachlose zu öffnen, und sei es auch nur für eine Nacht, weil das Wetter so schlecht ist, kostet sicher mehr Überwindung. Regelmäßige finanzielle Unterstützung für Werke, die Bedürftigen oder Behinderten helfen, ist wiederum vergleichsweise einfach. Nichts zu tun ist jedoch deutlich zu wenig, denn dann ist man die Münze, die verlorengegangen ist – und auch in Ewigkeit verlorengehen wird.

Was mir der beste Weg scheint völlig loszulassen, sehe ich am Beispiel der christlichen Gemeinschaft, wie sie im Neuen Testament beschrieben wird:

> *„Und die Menge der Gläubigen war ein Herz und eine Seele; und auch nicht einer sagte, dass etwas von seinen Gütern sein eigen sei, sondern alle Dinge waren ihnen gemeinsam. Und mit großer Kraft legten die Apostel Zeugnis ab von der Auferstehung des Herrn Jesus, und große Gnade war auf ihnen allen. Es litt auch niemand unter ihnen Mangel; denn die, welche Besitzer von Äckern oder Häusern waren, verkauften sie und brachten den Erlös des Verkauften und legten ihn den Aposteln zu Füßen; und man teilte jedem aus, so wie jemand bedürftig war." (Apg 4,32-35).*

In einer Gemeinschaft wie dieser leben zu dürfen, ist ein großes Vorrecht, denn die christlichen Kirchen haben sich fast alle völlig von diesem Beispiel entfernt, obwohl auch sie sich teilweise wenigstens bemühen, Not zu lindern. Indem in einer neutestamentlich orientierten Gemeinde die Mittel zusammengelegt werden (Gütergemeinschaft), können sie viel gezielter und treffsicherer verteilt werden; es ist auch weit mehr möglich, als dieselben Personen als Einzelne tun könnten. Schwierige Fragen der Verteilung werden gemeinsam gelöst, und der Einzelne wird durch die Bedürftigkeit anderer nicht mehr persönlich emotional unter Druck gesetzt, weil alle Glieder der Gemeinschaft an der Hilfe beteiligt sind und die Not gemeinsam in Weisheit beurteilen.

Gott freut sich über einen Sünder, der umkehrt. Den Armen nicht zu helfen, das Geld alleine für sich zu horten, ist tatsächlich Sünde wie Ehebruch, Mord, Unzucht oder Lüge.

> *„Wer nun Gutes zu tun weiß und es nicht tut, für den ist es Sünde." (Jak 4,17).*

Ob wir uns vom Hirten abwenden und den Anschluss zur Herde verlieren, oder von der armen Frau und ihr so unseren Anteil an ihrem Lebensunterhalt entziehen, in beiden Fällen sind wir Verlorene. Verlorene, die einerseits von Gott mit allem Eifer gesucht werden, sowie von den Armen, die uns beständig um Hilfe bitten (das ist die suchende Frau); Verlorene, die ihrerseits aber auch ihre Verlorenheit erkennen, umkehren und ihr Leben ändern müssen.

Dann herrscht Freude im Himmel und vor den Engeln Gottes. Du kannst zu dieser Freude beitragen.

Die Abkehr des verlorenen Sohnes

Nachdem der Herr Jesus mit den ersten beiden Gleichnissen den Boden vorbereitet hat, legt er nun mit dem dritten Gleichnis gewissermaßen die Hauptbotschaft vor, das Gleichnis vom verlorenen Sohn, das im Folgenden nun im Detail betrachtet werden soll, beginnend mit seiner Abkehr vom Vater.

> *„Ein Mensch hatte zwei Söhne. Und der jüngere von ihnen sprach zum Vater: Gib mir den Teil des Vermögens, der mir zufällt, Vater! Und er teilte ihnen das Gut. Und nicht lange danach packte der jüngere Sohn alles zusammen und reiste in ein fernes Land, und dort verschleuderte er sein Vermögen mit ausschweifendem Leben." (Lk 15,11-13).*

Die Art der Abkehr ist hier verschieden von den vorigen Gleichnissen. Könnte man dort noch eine gewisse Folgewirkung von Unreife, Verführbarkeit oder Bindungen an das System des Mammon in der Welt mildernd einbringen, solange man sich all dessen nicht bewusst ist und nicht überführt wird, so ist hier eine sehr bewusste und direkte Abkehr vom Vater (Gott) geschildert.

Die kurzen und knappen Worte vermitteln dabei eine Eiseskälte. Nichts wird erklärt, keine Hintergründe werden gegeben. Die Forderung nach dem Erbteil ist wie ein Befehl ohne Bitte und Danke ausgesprochen. Der Vater gehorcht dem Sohn wortlos und lässt ihn ziehen und scheitern. Was bewegt diese Geschichte in uns? Regt sich da Missfallen oder gar Zorn gegenüber dem Sohn? Das wäre die natürliche Reaktion darauf. Vielleicht denken wir aber auch, dass der Vater viel zu schwach ist. Er hätte widersprechen und den Sohn in die Schranken weisen müssen. Auch diese Kritik wäre nachvollziehbar.

Es war mit großem Schmerz verbunden, als meine Frau mich verlassen hat. Alle Versuche, sie zu halten, die Dinge auszusprechen, zu heilen und einen Neuanfang zu wagen, scheiterten. Als meine jüngste Tochter mit mir gebrochen hatte, war der Schmerz ebenso groß – doch ich tat nichts mehr, um sie zu überreden, es auszusprechen oder einen Kompromiss zu suchen. Ich sitze da, kann nur zur Kenntnis nehmen, was geschehen ist und stelle fest: die Liebe lässt los. Die Liebe hält nicht fest. Die Liebe übt keinen Zwang aus. Die Liebe ist … so gesehen machtlos. Oder doch nicht? Die Liebe hat Zeit. Zeit zu warten. Zeit, die der Vater dem verlorenen Sohn gab, um an den Totpunkt der eigenen Entscheidungen zu gelangen. Zeit, damit in ihm der Gedanke an eine Heimkehr reifen konnte. Zeit, bis die rechte Zeit zur Versöhnung gekommen ist. Wollte man diese Zeit abkürzen, würde diese Versöhnung nicht erreicht werden, zumindest nicht in dieser Qualität.

Vielleicht hast du Ähnliches erlebt. Vielleicht bist du aber auch selbst von daheim weggelaufen, hast dir in der Welt die Hörner abgestoßen oder bist noch in einem Zustand der Verbitterung gegenüber deinem Elternhaus oder deinem Ex-Ehepartner oder deinen Ex-Freunden, Ex-Kollegen oder aus welcher Beziehung du sonst in solch einer Weise davongegangen bist, dass du alle Brücken abgebrochen hast. So oder so sind die Emotionen in diesem Gleichnis wohl jedem vertraut, der schon länger in dieser Welt lebt. Es ist nicht schön.

Wenn ein Sohn sich das Erbe auszahlen lässt, ist das nicht dasselbe als würde er den Vater bereits für tot erklären? Oder als hätte er nicht die Geduld, den Tod des Vaters abzuwarten, um endlich unabhängig von dem „Alten" zu leben? Es gibt keinen Weg, diese Begebenheit so zu deuten, als hätte der Sohn noch einen Funken an Respekt und Anstand seinem Vater gegenüber, geschweige denn Liebe. Es geht aber um mehr als um eine Familiengeschichte: der Vater ist Gott, der verlorene Sohn steht für jeden Menschen, der sich bewusst von Gott abwendet.

Die Pharisäer, denen der Herr die Geschichte besonders widmet, haben diese Sünder natürlich klar vor Augen: die Zöllner, die Prostituierten, die Lügner und Meineidigen, die, welche nicht zur Synagoge gehen, die Trinker und Spieler u.s.w., und sie waren ausgesprochen froh, nicht zu diesen zu gehören:

„Er sagte aber auch zu etlichen, die auf sich selbst vertrauten, dass sie gerecht seien, und die übrigen verachteten, dieses Gleichnis: Es gingen zwei Menschen hinauf in den Tempel, um zu beten, der eine ein Pharisäer, der andere ein Zöllner. Der Pharisäer stellte sich hin und betete bei sich selbst so: O Gott, ich danke dir, dass ich nicht bin wie die übrigen Menschen, Räuber, Ungerechte, Ehebrecher, oder auch wie dieser Zöllner da. Ich faste zweimal in der Woche und gebe den Zehnten von allem, was ich einnehme!" (Lk 18,9-12).

Dass diese selbstgefällige Frömmigkeit Gott genauso zuwider ist, wie die Schlechtigkeiten der stadtbekannten Sünder, sagt der Herr immer wieder sehr deutlich. Im Gleichnis vom verlorenen Sohn spricht der Herr Jesus die Pharisäer am Ende aber ganz anders an, nämlich einladend. Der Herr verwehrt niemandem die Tür, der als verlorenes Schaf, als verlorene Münze, als verlorener Sohn oder als verlorener Pharisäer anklopft.

Also sollten wir besonders darauf achten, inwiefern wir verloren sind oder waren. Ansonsten bringen uns diese Gleichnisse nichts.

Die Kernaussage ist nun, direkt formuliert: „Gott, ich will nichts mit dir zu tun haben, ich will mein eigenes Leben leben." Nachsatz, nach kurzem Nachrechnen: „Ach ja, und ich brauche Geld, denn ich habe ja nichts. Also zahl mir mein Erbe aus."

Ist das nicht interessant? Gott ablehnen, aber von Seinem Reichtum leben zu wollen, ist doch der Gipfel der Unverfrorenheit! Und doch ist es so.

„Denn wir haben nichts in die Welt hineingebracht, und es ist klar, dass wir auch nichts hinausbringen können." (1.Tim 6,7).

Alles, was wir in der kurzen Zeit unseres Lebens erwerben und besitzen, können wir nur erwerben und besitzen, weil Gott es geschaffen hat – und uns ebenso mit allen Fähigkeiten, etwas zu erwerben, damit wir es besitzen. Spätestens am Totenbett wird jedoch klar, dass wir gar nichts wirklich besitzen, sondern es nur zeitweilig verwalten. Darum fragt der Herr Jesus uns sehr direkt:

„Denn was wird es einem Menschen helfen, wenn er die ganze Welt gewinnt und sein Leben verliert?" (Mk 8,36).

Entweder man erkennt diese Wechselwirkung und unsere Abhängigkeit vom Schöpfer und Erhalter der Welt, oder man geht in die Leugnung. Tatsächlich ist das das übliche Muster bei vielen: sie verleugnen die Existenz Gottes kategorisch, ebenso das Weiterleben nach dem Tod. Sie *wollen,* dass damit alles aus ist, damit sie eben nicht über ihre Rechenschaft und das Leben mit und vor Gott nachdenken müssen. Sie wollen unabhängig von Gott sein, sie müssen daher Gott verleugnen bzw. für tot erklären.

Die Lebensgrundlagen, von denen sie zehren, sind nun endlich und vergänglich. Das, was das Leben im Schatten der Vergänglichkeit erträglich macht, ist ein Leben in Ausschweifung, wie der verlorene Sohn es tat. Alles, was Spaß macht, alles, was den Vater vergessen lässt, alles, was kurzfristige Befriedigung jedweder Gelüste ermöglicht – und all das auf Basis des Mammons! Hier sehen wir, was der Mammon, Geld, Macht und Status, bieten können: nur vergänglichen Genuss, weil der Mammon uns nicht der Vergänglichkeit entreißen kann. Er kann uns lediglich für diese kurze Zeit darüber hinwegtäuschen. Ist Gott nur deshalb tot, weil ein Mensch ihn für tot erklärt hat? War der Vater verschwunden, nur weil der Sohn von ihm weggegangen ist und ihn nicht mehr sieht bzw. nicht mehr sehen will?

Ich wurde als bekennender Atheist konfirmiert (mit 14 Jahren) und kam mir so überaus klug vor dabei: „Gott gibt es nicht, weil man ihn nicht sieht." Damit war das Thema erledigt für mich. Heute schreckt es mich, dass Menschen in meinem Alter (jenseits der 50!) ebenso oberflächlich und letztlich dumm das Thema Gott für sich ad acta legen.

Jede Katze sieht mehr als wir sehen – gibt es das, was Katzen sehen können, etwa nicht, nur weil wir es nicht sehen können? Wie klein ist doch der Bereich des Wellenspektrums, den wir Menschen als sichtbares Licht wahrnehmen können! Wie klein ist der Bereich der Schallwellen, den wir hören können? Wie klein ist der Ausschnitt des Weltalls, den wir sehen und beobachten können, den wir gar meinen, vermessen zu können?

„Wer hat die Wasser mit der hohlen Hand gemessen? Wer hat den Himmel mit der Spanne abgegrenzt und den Staub der Erde in ein Maß gefasst? Wer hat die Berge mit der Waage gewogen und die Hügel mit Waagschalen? Wer hat den Geist des Herrn ergründet, und wer hat ihn als Ratgeber unterwiesen? Wen hat Er um Rat gefragt, dass der Ihn verständig machte und Ihm den Weg des Rechts wiese, dass er Ihn Erkenntnis lehrte und Ihm den Weg der Einsicht zeigte?" (Jes 40,12-14).

Gott ist sehr „verwundert", dass wir meinen, Wissenschaft betreiben und die Schöpfung letztgültig verstehen zu können, indem wir Ihn so völlig ausblenden. Was können wir schon messen? Nur das, wofür wir Messinstrumente entwickelt haben! Wieviel gäbe es noch zu vermessen, wenn es uns nur bewusst wäre, dass es da ist? Wir werden von Juristen regiert, die uns so herrliche Gesetze und Verfassungen gegeben haben, und doch müssen wir alle paar Jahre unsere Gesetze verändern, weil wir feststellen, dass sie unzureichend sind. Trotz all der hochstudierten Juristen! Wer hat Gott den Weg des Rechts gelehrt? Warum mussten die 10 Gebote nie angepasst werden? Und da maßen wir uns an, messerscharf den Schluss zu ziehen: „Weil man Gott nicht sieht, gibt es ihn auch nicht."

Stattdessen machen wir uns selbst groß und zum Maß aller Dinge. Der Humanismus hat den Glauben an Gott in unserer westlichen Welt bereits nahezu vollständig ersetzt. Das Ergebnis? In Stichworten:

- Eine Theorie, die alles Leben auf Zufälle und enorm lange Zeiträume zurückführen will.
- Eine Theorie, gemäß der der Kampf ums Dasein unser Überleben sichert.
- Diese wurde als „Sozialdarwinismus" ins Wirtschaftsleben übernommen.
- Diese war auch die Grundlage der Rassenlehre des Dritten Reichs.
- Zwei Weltkriege wurden ohne jede moralische Beißhemmung ausgefochten.
- Zwei Atombomben wurden abgeworfen.
- Die hemmungslose Ausbeutung der Natur ohne Blick auf das Ganze der Schöpfung.
- Die legitimierte Tötung Ungeborener im Mutterleib als größter Massenmord der Geschichte.
- Zerfall von Ehe und Familie.
- Totale Verwirrung darüber, was männlich und weiblich ist.

Habe ich etwas vergessen? Erschreckend genug, was ich da zusammengefasst habe! Im sogenannten „christlichen Abendland" war zwar auch nicht alles gut, denn der Mensch in seiner Abkehr von Gott trug damals nur ein religiöses Mäntelchen; aber es gab zumindest eine religiös begründete Beißhemmung, die dem totalen Ausufern der menschlichen Gier und Selbstsucht Schranken setzte.

Wir müssen ehrlich sein: So ein ausschweifendes Luxusleben, wie es der verlorene Sohn sich gönnte, ist nur relativ wenigen vergönnt. Über Film und Fernsehen wird es zwar allen als Traum vor Augen gemalt, aber wenn sich ein Durchschnittsmensch diesen Traum verwirklichen will, landet er in der Schuldenfalle. Doch das ist der gesamtgesellschaftliche Konsens: So schaut ein glückliches und gelungenes Leben aus! Und wie erreicht man das? Über die Segnungen des Mammons.

Doch diese Segnungen sind vergänglich. Wir selbst sind vergänglich, und am Ende unseres Lebens, wenn wir den Luxusstress bis zum Ende denn durchhalten, stellt sich die bange Frage: „War es das jetzt? Und kommt da doch noch etwas?"

Der Sohn feierte, bis das Geld aus war. Er konnte es auch nicht mehr ersetzen bzw. seinen Beutel nachfüllen, denn es geschah etwas, das immer wieder geschieht und zur großen Ernüchterung führen sollte:

„Nachdem er aber alles aufgebraucht hatte, kam eine gewaltige Hungersnot über jenes Land, und auch er fing an, Mangel zu leiden." (Lk 15,14).

Der Mammon ist nicht krisensicher; selbst der Mammon hängt von Gottes erhaltender Barmherzigkeit ab. So oft Er eine Hungersnot zulässt, müssten wir eigentlich erkennen, dass der Mammon keine Kraft aus sich selbst hat. Er ist abhängig von Saat und Ernte, und damit von Regen und Sonne und allen Kräften der Schöpfung, die unter Gottes Kontrolle bleiben.

Doch so wie wir Geld oft von der Realität entkoppeln, also von der Golddeckung und gar von menschlicher Arbeit, so haben wir uns selbst von der Realität entkoppelt, indem wir Gott aus unserer Sicht auf die Welt herausgenommen haben. Wir leben von den Gaben aus Gottes Schöpfung, verbrauchen und missbrauchen sie (ein ausschweifendes Leben ist Missbrauch des Lebens!) aber gleichzeitig erklären wir Gott für tot.

Nur sind *wir* es, die am Ende sterben werden, nicht Gott. Denn Gottes Existenz hängt nicht davon ab, was ein paar Philosophen und Schmalspuratheisten, wie ich es war, von Ihm halten.

„Gewiss ist es den Menschen bestimmt, einmal zu sterben, danach aber das Gericht." (Heb 9,27).

Das wird auch vielen vollmundigen Atheisten spätestens dann klar, wenn ihre Stunde naht. Ganz ehrlich, willst du in geistiger Umnachtung sterben wie Friedrich Nietzsche, auf den dieser vermessene Satz zurückgeht: „Gott ist tot."? Oder wie Churchill, dessen letzte Worte waren: „Welch ein Narr bin ich gewesen!"? Der frühere Präsident des englischen Oberhauses, Sir Thomas Scott, musste sich eingestehen:

> *„Bis zu diesem Augenblick dachte ich, es gäbe weder Gott noch Hölle. Jetzt weiß und fühle ich, dass es beides gibt, und ich bin dem Verderben ausgeliefert durch das gerechte Urteil des Allmächtigen."*[3]

Stellen wir uns so unser Ende vor? Oder soll es doch viel eher eine Heimkehr sein? Dann aber muss die Heimkehr heute beginnen, denn am Sterbebett war es für viele – trotz einer Einsicht wie der von Thomas Scott – zu spät, ehrlichen Herzens das eigene Leben zu bereuen und ein besseres Leben beginnen zu wollen.

Ich begleitete einen älteren Mann bis zu seinem Tod, dessen Selbstbewusstsein ungebrochen blieb, bis es an den letzten Weg gehen sollte. Da weinte er im Spitalsbett und bat mich, für ihn zu beten, was ich gerne tat. Ihm fehlten die Worte, es selbst zu tun. Er brauchte einen Begleiter, der ihn hier an der Hand nahm. Eine Woche

---

[3] https://life-is-more.at/texte_letzte_worte_grosser_maenner.html

schenkte Gott ihm noch, und ich bemerkte etwas wie Frieden in seinen letzten Tagen. Was aber, wenn man allein im Sterben liegt und nie gelernt hat, Gott anzurufen? In welche Verzweiflung muss man da stürzen? Darum glaube ich nicht daran, dass man die Entscheidung zur Heimkehr bis zum Ende aufschieben kann.

Welche Sünden wir in unserer teils selbstgewählten Gottlosigkeit begehen, ist dabei zweitrangig. Wir verschleudern so oder so das uns anvertraute Erbe und sterben in diesem fernen Land (in der Gottferne), in das der verlorene Sohn zog. Was aber dachte dieser als er ganz unten angekommen war? Gab er auf, oder besann er sich? Gab es eine Heimkehr? Und wenn ja, wie würde der Vater ihn aufnehmen? Wie würde die übrige Familie ihn empfangen?

Die Heimkehr

Die Heimkehr des verlorenen Schafes und der verlorenen Münze werden nur sehr knapp beschrieben und beinhalten zwei Blickwinkel: da gibt es einerseits den, der das Verlorene sucht, und andererseits wird von den Verlorenen gesagt, nachdem sie gefunden wurden:

> *„Ich sage euch, so wird auch Freude sein im Himmel über einen Sünder, der Buße tut." (Lk 15,7).*

Das verlorene Schaf und die verlorene Münze können nichts tun, um von sich aus zur Herde oder zu den anderen Münzen der Frau zurückzufinden. Sie sind hoffnungslos verirrt. Wenn sie der Hirte oder die Frau nicht mit aller Kraft und allem Eifer suchen würden, so blieben sie für alle Zeit verloren. Das ist eine wichtige Erkenntnis.

Die andere Erkenntnis ist ebenso wichtig: der Hirte und die Frau finden die Verlorenen nur, wenn sie „Buße tun". Das ist für uns sprachlich schwer verständlich geworden, da das deutsche Wort Buße einen Bedeutungswandel durchmachte, sodass es in unserem Sprachgebrauch nicht mehr das meint, was es in der Bibel meint. Wir verstehen darunter meist eine auferlegte Strafe, eine Bußzahlung. Die Kirche trug das Ihre zur Verwirrung bei, indem sie im „Sakrament der Buße", der Beichte, dem reuigen Sünder eine „Buße" auferlegt, in der Regel eine bestimmte Anzahl an Gebeten, die er (gewissermaßen strafweise) zu verrichten hat, damit die Sünde vor Gott restlos getilgt werde. An diesem Zerrbild der Buße krankt die vor allem katholisch geprägte Christenheit.

Was bedeutet es nun wirklich? Das wird an der Buße des verlorenen Sohnes deutlich: es ist eine Sinnesänderung. Er kommt zur Einsicht, erkennt seine Fehlentscheidungen und sein falsches Handeln und kehrt um zum Vater. Ohne auch nur irgendeine Form der Barmherzigkeit zu erwarten, weil er weiß, dass er eigentlich nichts als die völlige Zurückweisung verdient hätte. Einzig als Hausknecht könnte er sich noch bewerben.

Zuvor aber noch einige Gedanken zur Heimkehr des verlorenen Schafes und der verlorenen Münze.

Das heimgekehrte Schaf

Der Herr Jesus geht davon aus, dass wir mit dem Hirten mitempfinden können:

> *„Welcher Mensch unter euch, der hundert Schafe hat und eines von ihnen verliert, lässt nicht die neunundneunzig in der Wildnis und geht dem verlorenen nach, bis er es findet? Und wenn er es gefunden hat, nimmt er es auf seine Schulter mit Freuden; und wenn er nach Hause kommt, ruft er die Freunde und Nachbarn zusammen und spricht zu ihnen: Freut euch mit mir; denn ich habe mein Schaf gefunden, das verloren war!“ (Lk 15,4-6).*

Der Hirte repräsentiert hier Gott, der sich selbst immer wieder als „der gute Hirte" bezeichnet. Indem Er das tut, begibt Er sich gleichnishaft in unsere Arbeits- und Erfahrungswelt. Seine Sicht auf uns Menschen wird dadurch nachvollziehbar, denn Er sieht uns so wie ein Hirte seine Schafe. Damit assoziieren wir vor allem Schutz, Fürsorge und Führung. David drückte es in seinen Psalmen eindrucksvoll aus:

> „Der Herr ist mein Hirte; mir wird nichts mangeln. Er weidet mich auf grünen Auen und führt mich zu stillen Wassern. Er erquickt meine Seele; er führt mich auf rechter Straße um seines Namens willen. Und wenn ich auch wanderte durchs Tal des Todesschattens, so fürchte ich kein Unglück, denn du bist bei mir; dein Stecken und dein Stab, die trösten mich. Du bereitest vor mir einen Tisch angesichts meiner Feinde; du hast mein Haupt mit Öl gesalbt, mein Becher fließt über. Nur Güte und Gnade werden mir folgen mein Leben lang, und ich werde bleiben im Haus des Herrn immerdar." (Psalm 23).

So soll das einzelne Schaf seinen Hirten wahrnehmen, und so soll der Mensch Gott erfahren. Vom Hirten getrennt zu sein, führt beim Schaf zu einer tiefen Unsicherheit und Angst; es irrt umher, verstrickt sich und ist den Feinden schutzlos ausgeliefert. Es ist eine lebensgefährliche Situation, und wird das Schaf nicht gefunden, so kommt es unweigerlich um.

Im selben Sinn ist es keine Kleinigkeit, wenn der Mensch sich von Gott abgekehrt hat, wenn er, wie das Schaf leicht ablenkbar, sich auf Nebenwege und Abwege verführen hat lassen. Am Anfang ist es interessant und auch lustig, denn das Gras abseits der zugeteilten Weide schmeckt bekanntlich immer besser. Doch dann, während es daliegt und wiederkäut, merkt das Schaf, dass es das melodische Flötenspiel des Hirten nicht mehr hört. Auch nicht das vertraute Blöken der anderen Schafe in der Herde. Die Sonne sinkt, es wird kalt und andere Geräusche dringen an unser Ohr. Geräusche, die nicht vertraut sind, die ängstigen.

Solange die Ablenkungen laut sind und uns beschäftigen, bemerken wir das nicht. Doch wenn es still um uns wird, in den einsamen Stunden der Nacht, oder wenn Schicksalsschläge eintreten, oder wenn wir in uns gehen und uns einmal bestimmen, wo wir eigentlich stehen, trifft uns unsere Verlassenheit mit voller Wucht. Darum halten viele die Stille nicht aus. Darum muss in der Arbeit ständig das Radio laufen und daheim das Fernsehen. Darum geht man nicht mehr ohne Kopfhörer aus dem Haus. Darum hört man auch das Rufen des Hirten nicht und kann nicht mit einem hilflosen Blöken darauf antworten.

Es wäre eine interessante Herausforderung, einmal einige Tage nur zu wandern, durch Fluren und Wälder fern der

Stadt, ohne Mobiltelefon, ohne technische Störgeräusche, um dieses Schweigen zu erfahren, bis wir den hören, der uns ruft:

„Da rief Gott der Herr den Menschen und sprach: Wo bist du?" (1.Mose 3,9).

Gott ist ein suchender Gott. Es ist nicht so, dass Er nicht wüsste, wo du bist, aber Er kann dich nicht heimholen, ohne dass du es willst. Und dazu gehört die Einsicht, dass die Fürsorge, der Schutz und die Führung des Hirten für dein Leben besser sind als alles, was du in der weiten Welt ohne Ihn finden würdest. Die Einsicht: Gott ist ein guter Hirte.

„Nur gut ist Gott gegen Israel, gegen die, welche reinen Herzens sind. Ich aber — fast wäre ich gestrauchelt mit meinen Füßen, wie leicht hätte ich einen Fehltritt getan! Denn ich beneidete die Übermütigen, als ich das Wohlergehen der Gottlosen sah. ... Wenn ich gesagt hätte: »Ich will ebenso reden!« — siehe, so hätte ich treulos gehandelt am Geschlecht deiner Söhne. ... Als mein Herz verbittert war und ich in meinen Nieren das Stechen fühlte, da war ich töricht und verstand nichts; ich verhielt mich wie ein Vieh gegen dich. Und dennoch bleibe ich stets bei dir; du hältst mich bei meiner rechten Hand. Du leitest mich nach deinem Rat und nimmst mich danach in Herrlichkeit auf! Wen habe ich im Himmel außer dir? Und neben dir begehre ich nichts auf Erden! Wenn

mir auch Leib und Seele vergehen, so bleibt doch Gott ewiglich
meines Herzens Fels und mein Teil." (Ps 73,1-3.15.21-26).

Asaph, der Dichter dieses Psalms, erkannte, dass sein
Neid auf die, welche getrennt von Gott ein vordergrün-
dig besseres Leben hatten als er, töricht war. So zu denken und ihnen nachzufolgen, würde ihn auf eine Stufe
mit einem dummen Vieh stellen, das impuls- und trieb-
gesteuert dort hinläuft, wo das Gras grüner scheint. Er
blickte aber auf das Ende derer, die fern von Gott leben:

„Fürwahr, du stellst sie auf schlüpfrigen Boden; du lässt sie
fallen, dass sie in Trümmer sinken. Wie sind sie so plötzlich
verwüstet worden! Sie sind untergegangen und haben ein Ende
mit Schrecken genommen. Wie man einen Traum nach dem
Erwachen verschmäht, so wirst du, o Herr, wenn du dich auf-
machst, ihr Bild verschmähen." (Ps 73,18-20).

Der Mammon betrügt uns, und die Vergnügungen der
Welt blenden uns. Sie können nur zeitliches Glück bieten,
uns aber nicht aus unserer Vergänglichkeit reißen. Wir
bleiben dem Tod geweiht, wenn wir nicht mit der Quelle
des Lebens verbunden sind. Gott aber leitet uns nach
Seinem Wohlgefallen und nimmt uns danach in Herrlichkeit auf. Wir werden im Haus des Herrn auf ewig bleiben.

Noch etwas sieht Asaph, was wir oft übersehen. Ein
Schaf ist immer Teil einer Herde, und als solches ist es
ein gutes oder ein schlechtes Vorbild für die anderen

Schafe. Hätte Asaph den Weg der Gottlosen eingeschlagen, so hätte er gegenüber der ganzen Herde treulos gehandelt, schreibt er.

Als Pauli, unser Ziegenbock, herausgefunden hat, wie man über den Elektrozaun springt, machten es die anderen ihm bald nach. Er setzte ihnen ein schlechtes Beispiel, das den Nachbarn viel Ärger und uns gehörigen Stress machte.

Wir kennen dasselbe Prinzip aber auch aus zwischenmenschlichen Beziehungen: schlechtes Verhalten ist viel ansteckender als gutes. Die schlechte Laune eines einzelnen kann eine ganze Gruppe hinunterziehen. Unzufriedenheit breitet sich oft aus wie Krebs. Wir Menschen sind soziale Wesen und nicht dazu erschaffen, allein als Individuen zu leben. Die Frage ist nur, in welcher Gesellschaft wir leben sollen, mit welchen Menschen wir uns umgeben und anfreunden. Die Antwort ist einfach: wir sollen in der Herde sein, wo der gute Hirte ist. Es gibt auch andere, die wie Hirten aussehen, es aber nicht sind:

„Ich bin der gute Hirte; der gute Hirte lässt sein Leben für die Schafe. Der Mietling aber, der kein Hirte ist, dem die Schafe nicht gehören, sieht den Wolf kommen und verlässt die Schafe und flieht; und der Wolf raubt und zerstreut die Schafe. Der Mietling aber flieht, weil er ein Mietling ist und sich nicht um die Schafe kümmert. Ich bin der gute Hirte und kenne die Meinen und bin den Meinen bekannt, gleichwie der

Vater mich kennt und ich den Vater kenne; und ich lasse
mein Leben für die Schafe." (Joh 10,11-15).

Der Unterschied zwischen dem Hirten und dem „Billig-
lohnaufpasser" ist die Hingabe. Der gute Hirte ist bereit,
sein Leben für die Schafe zu geben, während der Mietling
Reißaus nimmt, wenn es gefährlich wird. Hier weist der
Herr bereits auf Seinen Tod am Kreuz hin, was uns zeigt,
wie weit Er in Seiner Suche nach uns gegangen ist. Denn
unsere Verlorenheit mündet in den Tod, sodass Er den
Tod auf Sich nahm, um uns zu retten.

> *„Da nun die Kinder an Fleisch und Blut Anteil haben, ist er*
> *gleichermaßen dessen teilhaftig geworden, damit er durch den*
> *Tod den außer Wirksamkeit setzte, der die Macht des Todes*
> *hatte, nämlich den Teufel, und alle diejenigen befreite, die*
> *durch Todesfurcht ihr ganzes Leben hindurch in Knechtschaft*
> *gehalten wurden." (Heb 2,14-15).*

Sein Tod am Kreuz war also kein Unfall oder Missge-
schick, sondern eine Notwendigkeit, um die Macht zu
brechen, in die wir durch unsere Abkehr geraten sind und
uns aus den Konsequenzen unserer Entscheidungen zu
befreien. In all dem behielt der suchende Hirte die
Kontrolle:

> *„Darum liebt mich der Vater, weil ich mein Leben lasse,*
> *damit ich es wieder nehme. Niemand nimmt es von mir, son-*
> *dern ich lasse es von mir aus. Ich habe Vollmacht, es zu las-*

sen, und habe Vollmacht, es wieder zu nehmen." (Joh 10,17-18).

Auf der Grundlage Seines Todes und Seiner Auferstehung rettet der Herr Jesus uns und beruft Seine Herde.

„Und ich habe noch andere Schafe, die nicht aus dieser Schafhürde sind; auch diese muss ich führen, und sie werden meine Stimme hören, und es wird eine Herde und ein Hirte sein." (Joh 10,16).

Das ist jetzt vielleicht ein großer Schritt für uns, denn hier werden wir angeleitet, die Heimkehr zu Gott nicht nur als eine rein persönliche Sache zwischen Gott und mir zu sehen, sondern zugleich als Wiedereingliederung in die Gemeinschaft Seines Volkes. Das betrifft alle drei Gleichnisse, weshalb es hier genügt festzuhalten: In diesem ersten geht es um die Gemeinschaft von Menschen, bei denen der gute Hirte vorangeht. Er ist es, der der ganzen Herde Schutz, Fürsorge und Führung gibt, sie leitet und danach in Herrlichkeit aufnimmt. Es ist ein Volk, das der Vergänglichkeit entrissen ist, weil der gute Hirte unseren Tod überwunden hat.

Darum ist die Freude über den Heimgekehrten auch die Freude darüber, dass ein Mensch der Vergänglichkeit entrissen wurde und ewig leben darf. Im Leben *vor* dem Tod darf er sich schon heute der Pflege des Hirten und der Gemeinschaft Seiner Herde erfreuen.

Die heimgekehrte Münze

Auch die mit Eifer gesuchte Münze erfährt eine Heimkehr. Wenn schon das verlorene Schaf nicht mehr alleine heimfindet, ist die zu Boden gefallene Münze von sich aus gänzlich unfähig, sich zurückzubegeben. Wiederum liegt zuerst alles daran, dass die alleinstehende arme Frau mit Eifer und Ausdauer diese Münze sucht. Dennoch geht es auch darum, dass der Sünder, den diese Münze repräsentiert, „Buße tut":

> *„Oder welche Frau, die zehn Drachmen hat, zündet nicht, wenn sie eine Drachme verliert, ein Licht an und kehrt das Haus und sucht mit Fleiß, bis sie sie findet? Und wenn sie sie gefunden hat, ruft sie die Freundinnen und die Nachbarinnen zusammen und spricht: Freut euch mit mir; denn ich habe die Drachme gefunden, die ich verloren hatte! Ich sage euch, so ist auch Freude vor den Engeln Gottes über einen Sünder, der Buße tut." (Lk 15,8-10).*

Wie bereits oben gesagt, ist die verlorene Münze Teil des ohnehin kargen Lebensunterhalts der Frau. Sie ist wichtig, sie erfüllt einen lebenswichtigen Zweck für diese Frau. Darum sucht hier die Frau, nicht der Herr! Die Armen treten an uns heran mit ihrer Not, und wir sollen uns ihren Bitten nicht entziehen. Darum sehe ich in diesem Gleichnis vor allem den Dienst, die Mildtätigkeit und praktische Barmherzigkeit, das Teilen mit den Armen, dem der Herr Jesus so viel Bedeutung in Seinen Lehren beigemessen hat. Bis hin zum Verteilen all unseres Besitzes.

Dabei gesteht Er sogar zu, dass es uns Menschen unmöglich ist, diesen Lehren zu entsprechen.

> *„Und als er auf den Weg hinausging, lief einer herzu, fiel vor ihm auf die Knie und fragte ihn: Guter Meister, was soll ich tun, um das ewige Leben zu erben? Jesus aber sprach zu ihm: Was nennst du mich gut? Niemand ist gut als Gott allein! Du kennst die Gebote: »Du sollst nicht ehebrechen! Du sollst nicht töten! Du sollst nicht stehlen! Du sollst nicht falsches Zeugnis reden! Du sollst nicht rauben! Du sollst deinen Vater und deine Mutter ehren!« Er aber antwortete und sprach zu ihm: Meister, das alles habe ich gehalten von meiner Jugend an.“ (Mk 10,17-20).*

Die Frage ist gut, denn der Mann war sich seiner Vergänglichkeit bewusst. Sein Tod stand ihm klar vor Augen und er interessierte sich für die Lehren des Herrn über das ewige Leben. Was muss man dafür tun? Grundsätzlich einmal die Gebote halten.

Hier scheitern aber schon viele. Oft meint jemand, es sei genug, wenn er die zehn Gebote halte, dann sei er ein guter Mensch. Hakt man aber nach, was diese denn seien und wie das erste Gebot laute, herrscht Schweigen. Das erste Gebot ist der Glaube an Gott, der uns errettet hat!

„Ich bin der Herr, dein Gott, der ich dich aus dem Land
Ägypten, aus dem Haus der Knechtschaft, herausgeführt habe.
Du sollst keine anderen Götter neben mir haben!" (2.Mose
20,2-3).

Die zehn Gebote beginnen damit, dass wir uns in einer
hilflosen und ausweglosen Situation befanden, aus der
wir uns nicht mehr selbst befreien konnten. Wie Israel in
der ägyptischen Sklaverei. Die Gebote beginnen damit,
dass wir verlorene Schafe oder Münzen oder Söhne
waren, die bereits gefunden und errettet *wurden.* Wer diese
Erfahrung nicht gemacht hat, für den ist schon das erste
Gebot bedeutungslos, wie will er dann dieses und alle
anderen halten? Denn dieses Gebot leitet uns an, Gott
für unsere Errettung dankbar zu sein!

Der Mann meinte, er habe die Gebote von Jugend an
gehalten. Ich glaube es ihm dahingehend, dass er Jude
war und auch die Erinnerung der Befreiung des Volkes
aus Ägypten bei jedem Passahfest gefeiert und vielleicht
auch persönlich auf sich bezogen hat (wozu dieses Fest
ja dienen sollte). Der Herr Jesus erkennt das an und
reagiert sehr freundlich, um ihm dann etwas zu sagen, das
ihm entgangen ist:

„Da blickte ihn Jesus an und gewann ihn lieb und sprach zu
ihm: Eines fehlt dir! Geh hin, verkaufe alles, was du hast,
und gib es den Armen, so wirst du einen Schatz im Himmel
haben; und komm, nimm das Kreuz auf dich und folge mir

nach! Er aber wurde traurig über dieses Wort und ging
betrübt davon; denn er hatte viele Güter." (Mk 10,21-22).

Der Mann hatte viele Güter, und er konnte scheinbar gut
damit leben, dass neben ihm andere in Armut leben. Es
ist dieses eine, das ihm fehlt, dass er den Mammon nicht
lassen kann. Dass es unvereinbar ist, Gott und dem Mammon zugleich dienen zu wollen, ist eine der Hauptlehren
des Herrn Jesus. Zugleich ist sie die am schwersten zu
akzeptierende Aussage des Herrn. Sie versetzte den ernst-
haft fragenden Mann in Traurigkeit. Hier das ewige Leben, da der Besitz vieler Güter. Er konnte sie nicht lassen,
um das Leben zu erlangen.

Der Herr Jesus tadelt ihn nicht. Er geht ihm aber auch
nicht nach. Er verhandelt auch nicht über Sein Wort. Er
stellt fest, was zu einem Sprichwort wurde:

> *„Da blickte Jesus umher und sprach zu seinen Jüngern: Wie*
> *schwer werden die Reichen in das Reich Gottes eingehen! Die*
> *Jünger aber erstaunten über seine Worte. Da begann Jesus*
> *wiederum und sprach zu ihnen: Kinder, wie schwer ist es für*
> *die, welche ihr Vertrauen auf Reichtum setzen, in das Reich*
> *Gottes hineinzukommen! Es ist leichter, dass ein Kamel*
> *durch das Nadelöhr geht, als dass ein Reicher in das Reich*
> *Gottes hineinkommt." (Mk 10,23-25).*

Das Erstaunen der Jünger schlägt in blankes Entsetzen
um, denn bei solchen Bedingungen kann ja kein Mensch

errettet werden, entgegnen sie. Und das stimmt. Das ist die hoffnungslose Situation praktisch aller Menschen: ihre Bindung an das System der Welt, welches nur durch den Mammon zusammengehalten wird. Wer essen will, braucht Geld; wer wohnen will, braucht Geld; wer sich absichern will, macht dies mit Geld; Geld verheißt Macht und Ansehen – kurz: Geld regiert die Welt. Der Herr Jesus fordert tatsächlich einen Bruch mit dem ganzen System, das die von Gott abgekehrte Welt etabliert hat, um zu funktionieren. Armut und Reichtum folgen aus diesem System, und es hat die Eigenschaft auch den Charakter vieler Menschen zu prägen, sodass wir neidisch, geizig oder habsüchtig werden.

Als die Jünger also entsetzt fragen, wer dann noch errettet werden könne, gibt der Herr eine zweifache Antwort:

„Bei den Menschen ist es unmöglich, aber nicht bei Gott! Denn bei Gott sind alle Dinge möglich." (Mk 10,27).

Diese Unmöglichkeit ist zur Kenntnis zu nehmen, und sie mag uns fürs erste sogar entlasten. Die verlorene Münze muss auch zur Kenntnis nehmen, dass sie nicht zurück in das Sparschwein der Frau klettern kann. Es ist so. Aber damit wird die Bedingung nicht aufgehoben. Gott muss *uns* aufheben. Wenn bei Gott alle Dinge möglich sind, dann ist es nur mit Gott möglich, allem zu entsagen, was man besitzt. Weil es aber mit Gott möglich ist, sind wir weiterhin herausgefordert und nicht entbunden. Es ist ein immenser Schaden, dass kaum eine Kirche mehr als Evangelium verkündigt, was der Herr Jesus als Evangelium verkündigt hat, denn wo hört man schon dieses Wort in dieser kompromisslosen Weise?

> *„So kann auch keiner von euch mein Jünger sein, der nicht allem entsagt, was er hat." (Lk 14,33).*

Mit Gott geht das. Ohne Gott wird es ein Krampf; wer es nachmachen will, wird sich zuerst mit Heuchelei über Wasser halten können, zuletzt aber scheitern. Es ist ein Ruf zur Umkehr, um das zweitgrößte Gebot ins Auge zu fassen. Es sind letztlich nur zwei Gebote, die alle Gebote zusammenfassen:

> *„Und Jesus sprach zu ihm [einem Schriftgelehrten, der Ihn fragte]: »Du sollst den Herrn, deinen Gott, lieben mit deinem ganzen Herzen und mit deiner ganzen Seele und mit deinem ganzen Denken«. Das ist das erste und größte Gebot. Und das zweite ist ihm vergleichbar: »Du sollst deinen Nächsten lieben wie dich selbst«. An diesen zwei Geboten hängen das ganze Gesetz und die Propheten." (Mat 22,37-40).*

Im ersten Gleichnis, dem vom verlorenen Schaf, legt der Herr den Schwerpunkt auf die Beziehung zum Hirten. Das entspricht diesem ersten Gebot. Im zweiten Gleichnis legt der Herr den Schwerpunkt auf die Beziehung zu der Frau, also die Nächstenliebe. Das entspricht dem zweiten Gebot.

Erst wenn durch Gottes Geist die Liebe in unsere Herzen ausgegossen worden ist, können wir von uns selbst loslassen und werden zu dieser Liebe fähig. Darum ist eine innere Wandlung notwendig, die allein Gott in uns bewirken kann und auch bewirken will:

> *„Wahrlich, wahrlich, ich sage dir: Wenn jemand nicht aus Wasser und Geist geboren wird, so kann er nicht in das Reich Gottes eingehen! Was aus dem Fleisch geboren ist, das ist Fleisch, und was aus dem Geist geboren ist, das ist Geist."* (Joh 3,5-6).

Wie das geht? Durch glaubensvolle Annahme des Sohnes Gottes:

> *„Allen aber, die ihn aufnahmen, denen gab er das Anrecht, Kinder Gottes zu werden, denen, die an seinen Namen glauben; die nicht aus dem Blut, noch aus dem Willen des Fleisches, noch aus dem Willen des Mannes, sondern aus Gott geboren sind."* (Joh 1,12-13).

Wie das aussieht, wird an einem habgierigen und betrügerischen Zöllner deutlich, bei dem der Herr einkehrte, um mit ihm zu essen. Die Tischgespräche dürften deutlich gewesen sein.

> *„Zachäus aber trat hin und sprach zu dem Herrn: Siehe, Herr, die Hälfte meiner Güter gebe ich den Armen, und wenn ich jemand betrogen habe, so gebe ich es vierfältig zurück! Und Jesus sprach zu ihm: Heute ist diesem Haus Heil wider-*

fahren, weil auch er ein Sohn Abrahams ist; denn der Sohn des Menschen ist gekommen, um zu suchen und zu retten, was verloren ist." (Lk 19,8-10).

Sehen wir das? Wer vom Herrn Jesus gesucht und gefunden worden ist, der sagt dem Mammon ab und bekommt ein Herz für die Armen!

Dann kehrt die Münze heim zur Frau und wird mit den anderen Münzen vereint, die ihren Lebensunterhalt ausmachen. Auch das ist ein Bild für das Volk Gottes, nun aber nicht in Bezug auf Gott (1. Gebot), sondern in Bezug auf die Armen (2. Gebot). Beide Gebote gehören zusammen, und erst gemeinsam umfassen sie Gottes Willen.

Somit ist jeder Nachfolger Jesu im Verband mit der christlichen Gemeinschaft zum Dienst berufen:

„Lasst uns aber im Gutestun nicht müde werden; denn zu seiner Zeit werden wir auch ernten, wenn wir nicht ermatten. So lasst uns nun, wo wir Gelegenheit haben, an allen Gutes tun, besonders aber an den Hausgenossen des Glaubens." *(Gal 6,9-10).*

Innerhalb der Gemeinschaft darf es überhaupt keine Armen, bzw. keinen Unterschied zwischen reich und arm mehr geben; hier muss ein Ausgleich stattfinden, wenn man wirklich dem Mammon abgeschworen hat.

„Alle Gläubigen waren aber beisammen und hatten alle Dinge gemeinsam; sie verkauften die Güter und Besitztümer und verteilten sie unter alle, je nachdem einer bedürftig war. Und jeden Tag waren sie beständig und einmütig im Tempel und brachen das Brot in den Häusern, nahmen die Speise mit Frohlocken und in Einfalt des Herzens; sie lobten Gott und waren angesehen bei dem ganzen Volk. Der Herr aber tat täglich die zur Gemeinde hinzu, die gerettet wurden." (Apg 2,44-47).

Nie werde ich vergessen, wie mir ein reicher Bruder, der mehrere schöne Häuser besaß, zu erklären versuchte, dass solch ein Kirchenverständnis unrealistische Schwärmerei sei: „Die Gemeinde in Jerusalem, die alles verkauft hat, ist am Ende verarmt. Da siehst du, dass das nicht funktioniert." Dass die Hungersnot damals den ganzen Landstrich betraf und alle in der Region verarmten, war ihm entgangen. Ebenso, dass das Prinzip des Teilens gerade in dieser Not geübt wurde, indem die Gemeinden in Griechenland, Mazedonien und Kleinasien zusammenlegten, so viel sie konnten, um den Glaubensgenossen in Judäa zu helfen. Eine Zeit lang glaubte ich dem Bruder und legte das Beispiel der Gütergemeinschaft als Utopie in die Schublade. Man muss es aber erleben und leben, um zu sehen, dass dies tatsächlich die Kraftwirkung Gottes ist, der Segen, der von der Großzügigkeit und Fürsorge des himmlischen Vaters gespeist wird.

Damit habe ich alle meine Ausreden und Selbstrechtfertigungen aufgegeben, um mich der Führung Gottes und Seinen Zusagen anzuvertrauen. Diese Gemeinschaft darf kein Selbstzweck sein, sie ist Dienstgemeinschaft. Sie soll durch gute Werke die Welt erhellen:

> *„Ihr seid das Licht der Welt. Es kann eine Stadt, die auf einem Berg liegt, nicht verborgen bleiben. Man zündet auch nicht ein Licht an und setzt es unter den Scheffel, sondern auf den Leuchter; so leuchtet es allen, die im Haus sind. So soll euer Licht leuchten vor den Leuten, dass sie eure guten Werke sehen und euren Vater im Himmel preisen." (Mat 5,14-16).*

Und so erkenne ich für mich zumindest einen wesentlichen Aspekt dessen, was den Sinn des Lebens ausmacht: In Liebe für andere da zu sein, weil der liebende Gott für mich da ist.

Die Heimkehr des verlorenen Sohnes

Kalt war der Abschied des Sohnes vom Vater. Erstaunlich passiv schien der Vater, der den Sohn ziehen und scheitern ließ. Die Liebe kennt keinen Zwang, und so erweist sie sich bei denen, die nicht wollen, als machtlos. Zumindest scheinbar. Denn die Liebe wartet nicht nur, sie vertraut und hofft.[4] Dadurch gibt sie Gott Raum zu

---

[4] Paulus schreibt: „Die Liebe erträgt alles, sie glaubt alles, sie hofft alles, sie erduldet alles." (1.Kor 13,7)

wirken, wo der Mensch ratlos ist. Das tröstet mich in meiner familiären Situation, bewahrt mich vor Zorn, Wut oder Bitterkeit, lässt mich versöhnlich bleiben, hält die Liebe in meinem Herzen lebendig.

So erging es nun dem Sohn:

> *„Und nicht lange danach packte der jüngere Sohn alles zusammen und reiste in ein fernes Land, und dort verschleuderte er sein Vermögen mit ausschweifendem Leben. Nachdem er aber alles aufgebraucht hatte, kam eine gewaltige Hungersnot über jenes Land, und auch er fing an, Mangel zu leiden. Da ging er hin und hängte sich an einen Bürger jenes Landes; der schickte ihn auf seine Äcker, die Schweine zu hüten. Und er begehrte, seinen Bauch zu füllen mit den Schoten, welche die Schweine fraßen; und niemand gab sie ihm. " (Lk 15,13-16).*

Das ausschweifende Leben war sicher unterhaltsam. Wer Geld hat, hat Freunde; wer (solche) Freunde hat, hat viel Unterhaltung und Ablenkung. Wenn aber das Geld weg ist, sind diese Freunde auch schnell weg. Das sind bekannte Muster, die sich in vielen Schicksalen wiederholt haben. Darum kann sich jeder in diesen Sohn hineinversetzen.

Bei den Schweinen gelandet zu sein, muss für die Zuhörer Jesu nun wirklich Ekel hervorgerufen haben, denn diese Tiere gelten den Juden als unrein; wie bei allen unreinen Tieren haben sie sich eine Abscheu davor antrainiert, um nur ja nie in die Versuchung zu kommen, diese zu essen. Das ferne Land, in das der Sohn gezogen war, war nicht nur fern vom Vater, sondern auch fern vom Volk Gottes; er lebte im Heidenland, wo man Schweine züchtete. Dieses Land und dessen Kultur hat er sich erwählt, er tauchte ein und gab seine Herkunft und Identität auf.

Mich erinnert das an Lot, den Neffen Abrahams. Der wollte, als der Weidegrund für alle Herden knapp wurde, mit den Seinen in die Ebene des Toten Meeres, welches früher üppig und fruchtbar war:

> *„Da hob Lot seine Augen auf und sah die ganze Jordanaue; denn sie war überall bewässert, wie der Garten des Herrn, wie das Land Ägypten, bis nach Zoar hinab, bevor der Herr Sodom und Gomorra zerstörte. Darum erwählte sich Lot die ganze Jordanaue und zog gegen Osten. So trennte sich ein Bruder von dem anderen. Abram wohnte im Land Kanaan, und Lot wohnte in den Städten der Aue, und er schlug sein Zelt auf bis nach Sodom hin. Aber die Leute von Sodom waren sehr böse und sündigten schlimm gegen den Herrn."* (1.Mose 13,10-13).

Das Gras war grüner. Lot dachte: Futter. Lot dachte wie ein Schaf, zog in die Jordanebene und siedelte in der unmittelbaren Nachbarschaft einer ganz verruchten Stadt. Trotzdem wagte er es, diese Au mit dem Garten Eden zu vergleichen! Ja, was die Üppigkeit betrifft, aber was die

Sünde betrifft, war es ein fürchterlicher Ort. Es dauerte nicht lang, da wohnte Lot dann auch in der Stadt. Als diese in einen Krieg verwickelt wurde, wurde er als Kriegsgefangener verschleppt und von Abraham befreit. Er blieb in Sodom. Schließlich nannte er die Sodomiter gar „Brüder". Als er Gäste hatte und die Nachbarn diese für eine Gruppenvergewaltigung forderten, war er bereit stattdessen seine eigenen jungfräulichen Töchter dafür herzugeben. So stark färbten die bösen Sitten auf ihn ab! Dazu kam es aber nicht. Mit Müh und Not wurde Lot vor der Vernichtung Sodoms aus der Stadt gerettet.

Lot hat Sodom und seine Kultur völlig falsch eingeschätzt; er dachte, er könne darin leben und gedeihen, ohne davon verändert zu werden. Doch es war eine Qual für seine Seele. Diese Stadt und Kultur bot zwar alles, was zu einem prosperierenden Leben gehörte, aber dies kam nicht von Gott, sondern aus der Sünde, dem Eigennutz, dem Mammon. Er scheiterte, wie auch der verlorene Sohn scheiterte.

Auch der verlorene Sohn tauchte so in eine fremde Kultur ein, und vergaß bzw. verleugnete seine Herkunft und seine ganze Erziehung; so wie Lot den Grund vergaß, warum er seinerzeit mit Abraham nach Kanaan gezogen war. Die Abkehr vom Vater war so radikal, wie unsere ganze Gesellschaft in den letzten zwei Jahrhunderten ihre Abkehr von Gott vollzogen hat.

Was verleugnet ein Mensch, der Gott verleugnet? Er verleugnet letztlich sich selbst; er verleugnet alles, was ihn ausmacht. Er ist abgeschnitten von seiner Herkunft und der Quelle des Lebens. Er ist orientierungslos. Diese Orientierungslosigkeit lässt sich eine Zeit lang betäuben, bis das nötige Kapital dafür verbraucht ist. Dann geht das Licht aus.

Bei den Schweinen angelangt, ist die Festfreude nur mehr blasse Erinnerung. Nicht einmal das Schweinefutter gönnen sie ihm. Es wird still um ihn. Er kommt ins Nachdenken, und Erinnerungen steigen in ihm auf.

> *„Er kam aber zu sich selbst und sprach: Wie viele Tagelöhner meines Vaters haben Brot im Überfluss, ich aber verderbe vor Hunger! Ich will mich aufmachen und zu meinem Vater gehen und zu ihm sagen: Vater, ich habe gesündigt gegen den Himmel und vor dir, und ich bin nicht mehr wert, dein Sohn zu heißen; mache mich zu einem deiner Tagelöhner!" (Lk 15,17-19).*

Er denkt immer noch wie ein Schaf: Futter. Aber es geht tiefer. Es dämmert ihm, dass es nicht recht war, wie er seinen Vater behandelt hat. Hier beginnen wir zu sehen, was „Buße" bedeutet. Es beginnt mit Einsicht:

- Einsicht in die eigene verfahrene Situation
- Erkenntnis der eigenen Verantwortung
- Reue und Scham über das eigene Verhalten

- Erniedrigung und Aufgabe aller Rechte
- Einbeziehung des Himmels; die Sünde steht auch vor Gott.

Tatsächlich gehört zu den zehn Geboten ja auch dieses:

„Du sollst deinen Vater und deine Mutter ehren, damit du lange lebst in dem Land, das der Herr, dein Gott, dir gibt!" *(2.Mose 20,12).*

Der Sohn ehrte den Vater nicht, und er blieb auch nicht im verheißenen Land. Im fremden Land verprasste er den Besitz und litt zuletzt Mangel. Er lebte und erlebte die Umkehrung dieses Gebotes, welches im Gesetz der Juden einen sehr hohen Stellenwert hatte.

„Verflucht sei, wer seinen Vater und seine Mutter verachtet! Und das ganze Volk soll sagen: Amen!" *(5.Mose 27,16).*

Ich kann mir gut vorstellen, welche Verachtung die Zuhörer Jesu gegen diesen Sohn empfanden, und wie sie dieses Eingeständnis, diese Reue, auffassten: „Geschieht ihm Recht! Das hat er jetzt davon. Der soll nicht heulen, sondern seine Schuld abarbeiten!" Sie würden den, der schon am Boden liegt, noch treten. Und sich gut fühlen dabei.

Wer in dieser Form Reue empfindet und zeigt, wird verwundbar und verächtlich vor den Menschen, die noch nicht so weit gekommen sind, die ihre eigenen Sünden noch bedecken, die den frommen Schein wahren und um ihr öffentliches Ansehen bemüht sind. Wahre Buße ist ein Gesichtsverlust. Wahre Buße beschönigt nichts. Wahre Buße ist eine Bankrotterklärung vor Gott und den Menschen, denen man etwas angetan hat.

Wir sind es gewöhnt, uns mit den Worten „Ich entschuldige mich" zu entschuldigen, aber geht das überhaupt? Kann man sich selbst entschuldigen? Nein! Man kann um Entschuldigung bitten, und diese Bitte muss nicht einmal gewährt werden. Irgendwann einmal bin ich beim Lesen der Bibel über das Wort „vielleicht" gestolpert. Als Jakob Esau begegnete, den er Jahre zuvor um das Erstgeburtsrecht betrogen hatte, versuchte er diesen gnädig zu stimmen und schickte einen Knecht voraus:

> *„Siehe, dein Knecht Jakob kommt auch hinter uns her! Denn er dachte: Ich will sein Angesicht günstig stimmen mit dem Geschenk, das vor mir hergeht; danach will ich sein Angesicht sehen; vielleicht wird er mich gnädig ansehen!" (1.Mose 32,21).*

Vielleicht wird Esau ihm vergeben! Bei Menschen ist es nicht immer sicher. Esau vergab Jakob.

> *„Und es geschah am folgenden Tag, da sprach Mose zum Volk: Ihr habt eine große Sünde begangen! Und nun will ich zu dem Herrn hinaufsteigen; vielleicht kann ich Sühnung erwirken für eure Sünde." (2.Mose 32,30).*

Vielleicht wird Gott vergeben. Auch das ist nicht so sicher. Warum? Weil er will, dass wir aufrichtig Buße tun, nicht bloß, um einer Strafe zu entgehen, sondern aus Einsicht, bereit unser Leben zu ändern.

„So tue nun Buße über diese deine Bosheit und bitte Gott, ob dir die Tücke deines Herzens vielleicht vergeben werden mag." (Apg 8,22).

Darum ist ein mechanisches Bußsakrament nicht zielführend. Darum ist es auch nicht genug, nur um des lieben Friedens Willen Gott Recht zu geben, indem man „sich bekehrt", oder um Menschen zu gefallen oder den Eltern eine Freude zu machen.

Der verlorene Sohn hatte es begriffen, und seinem Bekenntnis folgte der Entschluss, heimzukehren. Nicht mehr als Sohn, sondern mit der demütigen Bitte, als einfacher Knecht aufgenommen zu werden.

„Und er machte sich auf und ging zu seinem Vater. Als er aber noch fern war, sah ihn sein Vater und hatte Erbarmen; und er lief, fiel ihm um den Hals und küsste ihn. Der Sohn aber sprach zu ihm: Vater, ich habe gesündigt gegen den Himmel und vor dir, und ich bin nicht mehr wert, dein Sohn zu heißen!" (Lk 15,20-21).

Der Vater hatte den Sohn nie aufgegeben. Die Liebe gibt nicht auf. Der Eiseskälte beim Abschied steht nun eine unerwartete Herzenswärme bei der Heimkehr gegenüber.

Der Sohn war verwahrlost – der Vater hat ihn dennoch ohne Zögern und Naserümpfen in den Arm genommen und geküsst. Was für eine Begrüßung!

Der Sohn spricht es aus, er bekennt seine Sünde ohne Abstriche, aber auch ohne in peinliche Details abzugleiten. Er muss dem Vater jetzt nicht alle Details seines ausschweifenden Lebens ausbreiten – das tut der Bericht (bis jetzt) auch nicht. Die Scham genügt. Die Reue genügt. Der Sohn hat recht, wenn er sagt, dass er keine Rechte mehr hat. Aber er kommt nicht mehr dazu, seine Bitte vorzutragen, als Knecht aufgenommen zu werden.

> *„Aber der Vater sprach zu seinen Knechten: Bringt das beste Festgewand her und zieht es ihm an, und gebt ihm einen Ring an seine Hand und Schuhe an die Füße; und bringt das gemästete Kalb her und schlachtet es; und lasst uns essen und fröhlich sein! Denn dieser mein Sohn war tot und ist wieder lebendig geworden; und er war verloren und ist wiedergefunden worden. Und sie fingen an, fröhlich zu sein.“ (Lk 15,22-24).*

Manchmal frage ich mich, ob ich selbst zu solch einer radikalen Versöhnung bereit wäre. Ich lebe bewusst gemäß dem folgenden Wort:

> *„Den Verheirateten aber gebiete nicht ich, sondern der Herr, dass eine Frau sich nicht scheiden soll von dem Mann (wenn sie aber schon geschieden ist, so bleibe sie unverheiratet oder*

versöhne sich mit dem Mann), und dass der Mann die Frau nicht entlassen soll." (1.Kor 7,10-11).

Durch das Leben in Gemeinschaft mit anderen Christen erlebe ich nicht die Einsamkeit und den Schmerz, den andere in meiner Situation haben. Das verleitet dazu, die Trennung überhaupt zu vergessen und die Hoffnung auf Versöhnung aufzugeben. Dasselbe gilt für meine jüngste Tochter. Mich fordert der Vater in dieser Geschichte daher sehr heraus. Wäre ich bereit, meine Tochter oder meine Frau ebenso vorbehaltlos wieder aufzunehmen, zu umarmen und ohne Vorwürfe zu lieben? Ohne Vorwürfe. Der Vater macht dem Sohn keine Vorwürfe. Weil es nicht nötig ist. Weil Er es auch selbst nicht braucht, quasi als Genugtuung, um den ganzen Ärger, die Sorgen der vergangenen Jahre auf den Heimkehrer abzuladen. Der Vater ruht völlig in sich und braucht das nicht. Würde ich es brauchen? Kann ich so loslassen, wie der Vater?

„Alle Bitterkeit und Wut und Zorn und Geschrei und Lästerung sei von euch weggetan samt aller Bosheit. Seid aber gegeneinander freundlich und barmherzig und vergebt einander, gleichwie auch Gott euch vergeben hat in Christus." (Eph 4,31-32).

„Werdet nun Gottes Nachahmer als geliebte Kinder und wandelt in der Liebe, gleichwie auch Christus uns geliebt und sich selbst für uns gegeben hat" (Eph 5,1-2).

Geht das? Kann man Verletzungen so einfach überwinden? Ja, wir müssen es als Kinder Gottes! Scheint es uns unmöglich, müssen wir uns erinnern (wie beim Mammon), dass mit Gott alles möglich ist. Ich muss Seinem Geist in mir Raum geben. Aber ich muss es auch selbst erfahren haben, wie barmherzig Gott ist.

> *„Seid als neugeborene Kindlein begierig nach der unverfälschten Milch des Wortes, damit ihr durch sie heranwachst, wenn ihr wirklich geschmeckt habt, dass der Herr freundlich ist." (2.Petr 2,2-3).*

Es ist ein Lernen, aber die Voraussetzung ist, dass wir wirklich geschmeckt haben, dass der Herr freundlich ist. Dass wir unsere Verlorenheit erkannt haben, dass wir in dieser Weise Buße getan haben, dass wir alle Rechte aufgegeben und alles vorbehaltlos eingestanden haben, mit dem Vorsatz, ein neues Leben zu führen. Dass wir heimgekehrt sind.

Was für eine Heimkehr! Der Sohn wurde in alle Rechte der Sohnschaft wieder eingesetzt, als hätte er nie sein Erbteil verprasst. Er bekam neue Kleider, einen Ring, und seinetwegen wurde ein großes Fest gegeben. Interessant ist, was der Vater über ihn sagt:

> *„Denn dieser mein Sohn war tot und ist wieder lebendig geworden; und er war verloren und ist wiedergefunden worden." (Lk 15,24).*

Der Vater betrachtete den Sohn als tot, und dennoch gab Er ihn nicht auf. Es ist, menschlich gesehen, Hoffnung gegen alle Hoffnung, die diese Liebe in ihm bewirkte. Doch so ist es: Wie viele hoffnungslose Fälle erlebten seither eine solche Heimkehr? Unter anderem wegen dieses Gleichnisses? Unzählige! Darum lohnt es sich, gegen alle Hoffnung weiter zu hoffen, denn wir glauben an einen Gott, der Tote auferweckt.

So aber sieht Gott alle, die von ihm abgekehrt leben:

> *„[Gott hat auch euch errettet], die ihr tot wart durch Übertretungen und Sünden, in denen ihr einst gelebt habt nach dem Lauf dieser Welt, gemäß dem Fürsten, der in der Luft herrscht, dem Geist, der jetzt in den Söhnen des Ungehorsams wirkt; unter ihnen führten auch wir alle einst unser Leben in den Begierden unseres Fleisches, indem wir den Willen des Fleisches und der Gedanken taten; und wir waren von Natur Kinder des Zorns, wie auch die anderen." (Eph 2,1-3).*

Tot, da ist eigentlich jede Hoffnung vergebens, doch unser Gefundenwerden und unsere Heimkehr ist eine Auferstehung aus den Toten:

> *„Gott aber, der reich ist an Erbarmen, hat um seiner großen Liebe willen, mit der er uns geliebt hat, auch uns, die wir tot waren durch die Übertretungen, mit dem Christus lebendig gemacht — aus Gnade seid ihr errettet! — und hat uns*

mitauferweckt und mitversetzt in die himmlischen Regionen in
Christus Jesus." (Eph 2,4-6).

Wir haben Anteil bekommen an Seiner Auferstehung,
wie Er Anteil bekommen hat an unserem Tod. Das ist die
Grundlage unserer Heimkehr, die uns bis in die himmlischen Regionen führt. Dieses Einswerden mit dem Tod
und der Auferstehung Jesu wird in einem Akt vollzogen,
der von großer Bedeutung ist: in der Taufe, die eine Be-
kenntnistaufe ist, also nicht die verfehlte und sinnent-
leerte Säuglingstaufe. In dieser Taufe bezeugen wir die
Annahme des Evangeliums, unsere Buße und völlige Bedürftigkeit. In dieser Taufe ziehen wir Christus wie ein
Gewand an:

> *„Denn ihr alle seid durch den Glauben Söhne Gottes in*
> *Christus Jesus; denn ihr alle, die ihr in Christus hinein getauft*
> *seid, ihr habt Christus angezogen." (Gal 3,26-27).*

Als ich mit 18 Jahren getauft wurde, war mir vieles von
dem, was ich hier schreibe noch nicht bewusst, doch
eines wusste ich: ich brauche den Herrn Jesus! Ich will
mit Gott versöhnt leben. Meine Sünden erkannte ich
damals nur ansatzweise, doch bis in die Gegenwart hinein
erkenne ich mehr und mehr, wer ich vor Gott bin: stets
erlösungsbedürftig, aber auch bereits erlöst. Ich bin als
Sohn aufgenommen, aber wachse immer noch in die
Sohnschaft hinein. Das Fest, die Freude über die Heimkehr wurde manchmal überschattet, ist aber nie wieder

verklungen. Je mehr ich die Barmherzigkeit des Vaters betrachte, desto mehr staune ich. Vielleicht ist gerade das der Grund, warum der Herr mich anstupste, darüber zu schreiben. Er will mich staunen sehen. Denn es gab eine Zeit, da war ich dieser Gleichnisse überdrüssig. Ich hatte sie schon so oft gehört. Längst war mir klar, was sie bedeuten, und dass ich errettet bin, das wurde für mich zur normalsten Sache der Welt. Aber ist es das? Nein, die Liebe Gottes ist nicht normal! So etwas gibt es unter Menschen nicht, wenn sie nicht von Gott geschenkt wird. Darum soll ich staunen und aus dem Staunen nicht mehr herauskommen.

Was aber bewirkte diese unglaubliche Barmherzigkeit Gottes bei den eigentlichen Adressaten, den Pharisäern? Der Herr hat ihnen im anderen Sohn einen Spiegel vorgehalten:

„Aber sein älterer Sohn war auf dem Feld; und als er heimkam und sich dem Haus näherte, hörte er Musik und Tanz. Und er rief einen der Knechte herbei und erkundigte sich, was das sei. Der sprach zu ihm: Dein Bruder ist gekommen, und dein Vater hat das gemästete Kalb geschlachtet, weil er ihn gesund wiedererhalten hat! Da wurde er zornig und wollte nicht hineingehen. Sein Vater nun ging hinaus und redete ihm zu. Er aber antwortete und sprach zum Vater: Siehe, so viele Jahre diene ich dir und habe nie dein Gebot übertreten; und mir hast du nie einen Bock gegeben, damit ich mit meinen

Freunden fröhlich sein kann. Nun aber, da dieser dein Sohn
gekommen ist, der dein Gut mit Huren vergeudet hat, hast du
für ihn das gemästete Kalb geschlachtet!" (Lk 15,25-30).

Das war der „brave" Sohn, der immer alles richtig gemacht hat. Ist sein Unmut nicht naheliegend? Doch das
ist der Punkt: es gibt etwas, das die Gerechtigkeit übertrifft; nicht auflöst, aber übertrifft. Die Gerechtigkeit
fordert die Strafe für die Sünder, aber wer straft schon
gerne?

„Oder habe ich etwa Gefallen am Tod des Gottlosen, spricht
Gott, der Herr, und nicht vielmehr daran, dass er sich von
seinen Wegen bekehrt und lebt?" (Hes 18,23).

Gott löst weder Sein Gesetz auf, noch ist Er bereit Sünder aufzugeben, die noch Zeit zur Umkehr haben (d.h.
solange sie leben). Um beidem gerecht zu werden, sandte
Er Seinen Sohn als Opfer für die Sünden:

„Er wurde um unserer Übertretungen willen durchbohrt,
wegen unserer Missetaten zerschlagen; die Strafe lag auf ihm,
damit wir Frieden hätten, und durch seine Wunden sind wir
geheilt worden. Wir alle gingen in die Irre wie Schafe, jeder
wandte sich auf seinen Weg; aber der Herr warf unser aller
Schuld auf ihn." (Jes 53,5-6).

Sehen wir, wie durchgehend das Motiv des verirrten
Schafs ist? Das sind wir, bis wir gefunden werden. Die
Grundlage des Friedens mit Gott ist die Vergebung der

Sünden, weil Christus die Strafe auf sich genommen hat, die wir verdient hätten.

> *„Denn der Lohn der Sünde ist der Tod; aber die Gnadengabe Gottes ist das ewige Leben in Christus Jesus, unserem Herrn." (Röm 6,23).*

Es ist eine Gnadengabe, ein Geschenk. Der brave Sohn jedoch hat sich darauf beschränkt, „alles richtig" zu machen. Hatte er aber den Frieden, den das Blut Christi schenkt? Nein, denn es brach aus ihm heraus:

> *„Siehe, so viele Jahre diene ich dir und habe nie dein Gebot übertreten; und mir hast du nie einen Bock gegeben, damit ich mit meinen Freunden fröhlich sein kann." (Lk 15,29).*

„Mein ganzes Bravsein blieb unbelohnt!", hätte er auch sagen können. Es war ein disziplinierter, aber freudloser Dienst, den er leistete. Und dann macht er etwas, was der ganze Bericht über den verlorenen Sohn nicht macht: er geht ins Detail bei den Sünden des Bruders:

> *„Nun aber, da dieser dein Sohn gekommen ist, der dein Gut mit Huren vergeudet hat, hast du für ihn das gemästete Kalb geschlachtet!" (Lk 15,30).*

Als ob er noch besonders hervorheben wollte, wie verdorben sein Bruder war und wie unverdient dieses Fest für ihn ist. Wie reagiert der Vater?

„Er aber sprach zu ihm: Mein Sohn, du bist allezeit bei mir, und alles, was mein ist, das ist dein. Du solltest aber fröhlich sein und dich freuen; denn dieser dein Bruder war tot und ist wieder lebendig geworden, und er war verloren und ist wiedergefunden worden!" (Lk 15,31-32).

Er sollte sich doch mitfreuen, denn der verlorene Sohn wurde gefunden! Sein Bruder wurde gefunden! Und genau das will der Herr den Pharisäern zeigen. Dass der Herr Jesus bei Zöllnern und Sündern saß, führte ja dazu, dass einige von diesen eine Heimkehr erlebten, zum Teil so spektakulär wie bei Zachäus, oder so tränenreich wie bei der Sünderin, die Seine Füße wusch. Freut euch doch!

Warum freut ihr euch nicht? Vielleicht weil ihr es immer noch nicht verstanden habt, dass jeder Mensch verloren ist? Der Unterschied ist doch nur der, dass die einen es schon erkannt haben und die anderen noch nicht. Die einen sind heimgekehrt, die anderen sind Gott fremd geblieben, obwohl sie scheinbar brav und fromm sind. Der Herr macht den Pharisäern an anderer Stelle harte Vorwürfe. Hier unterlässt Er es, hier lädt Er sie ein zu dieser Freude, die den Himmel erfüllt, wenn auch nur ein Sünder Buße tut.

Der brave Sohn konnte gar nicht auskosten, was es bedeutete, Teil der Familie Gottes zu sein. Er hätte immer feiern können! Er hatte Anteil an allen Gütern des Vaters, aber dies nie in Anspruch genommen. Immer nur gegeben, nie empfangen. Solche Leute gibt es zuhauf, die sich nichts schenken lassen, aber wie wollen sie dann die Barmherzigkeit Gottes empfangen? So nah war der brave Sohn dem Vater, so nah und doch so fern!

Heimgekehrt zu sein, macht uns zu Teilhabern an allen Gütern des Vaters:

> *„So seid ihr nun nicht mehr Fremdlinge ohne Bürgerrecht und Gäste, sondern Mitbürger der Heiligen und Gottes Hausgenossen.“ (Eph 2,19).*

So sollte sich christliche Gemeinschaft anfühlen, und dazu gehört die vorwurfslose Annahme aller, die von Christus angenommen worden sind; ohne Ansehen der Person. Darum war mein damaliges Herabblicken auf die Ex-Junkies im Gottesdienst so verwerflich.

> *„Der Gott des Ausharrens und des Trostes aber gebe euch, untereinander eines Sinnes zu sein, Christus Jesus gemäß, damit ihr einmütig, mit einem Mund den Gott und Vater unseres Herrn Jesus Christus lobt. Darum nehmt einander an, gleichwie auch Christus uns angenommen hat, zur Ehre Gottes!“ (Röm 15,5-7).*

Bist du schon dabei? Kennst du diese Festfreude? Oder bist du noch dabei dein Abirren schönzureden? Zählst du dich zu den Braven, die alles richtig machen? Kannst du loslassen von allem? Kannst du dich beschenken lassen? Es gibt keinen eigenen Weg zurück; man muss sich finden lassen. Gott sucht die, welche zur Buße bereit sind, um sie heimzuführen.

Ergänzungen zur Heimkehr

Die Erkenntnis des Verlorenseins ist zutiefst persönlich, weshalb ich am Ende keine systematische Anleitung zur Heimkehr geben kann. Da die besprochenen Gleichnisse aber nur einen Ausschnitt des Evangeliums darstellen, sollten noch ein paar Gedanken angefügt werden, um all das anwendbar zu machen.

Was aus den bisherigen Ausführungen klar ist, will ich noch stichwortartig zusammenfassen:

- Gott sucht das Verlorene.
- Um uns aus unserer Verlorenheit zu retten, sandte Er Seinen Sohn, der unsere Sünden und unseren Tod auf sich nahm, damit wir an Seinem Leben teilhaben können. Das ist es, was mit Kreuz und Auferstehung bewirkt wurde.

Es gibt verschiedene Arten der Verlorenheit:

- *Verloren wie ein Schaf,* dass sich vom Weg ablenken ließ und so die Verbindung mit dem Hirten verlor. So lassen auch wir uns oft vom Eigentlichen durch Nebensächliches und Belangloses ablenken und verstricken uns in unserer Suche nach dem „grüneren Gras".
- *Verloren wie die Münze,* welche zum Lebensunterhalt der armen Frau nun fehlte. So erweisen

wir uns oft als hartherzig, geizig oder habsüchtig und verschließen unser Herz den Bedürftigen gegenüber.

- *Verloren wie der Sohn,* der sich bewusst und kaltschnäuzig vom Vater lossagte und fern von ihm sein Erbe verprasste. So brüsten sich heute erschreckend viele als Atheisten, die bewusst ohne Gott leben wollen, und doch nicht ohne die Güte und Zuwendung Gottes leben können, wie Er sie in der Schöpfung jedem darreicht. Sie missbrauchen diese und ihr eigenes Leben.

- *Verloren wie der brave Sohn,* unfähig, sich von Gott beschenken zu lassen, hartherzig und selbstgerecht; dessen größter Fehler es wohl ist, „immer alles richtig gemacht" zu haben, dabei aber das Wesentliche, Liebe und Barmherzigkeit, übersehen zu haben.

In jedem Fall wird der Verlorene von Gott gesucht und muss sich nur finden lassen:

- Um gefunden zu werden, muss man zur Buße bereit sein und die eigenen Fehlentscheidungen und falschen Wege als solche erkennen und bereuen, mit dem Vorsatz, es nun besser zu machen. Das geht mit Reue und dem Verlust aller Rechte vor Gott einher. Es ist eine Bankrotterklärung.

- Einen solch reumütigen Sünder schließt der himmlische Vater ohne weitere Vorwürfe in Seine Arme und setzt ihn wieder als Sohn ein.

- Wer heimkehrt, kommt zurück zur Herde, zu den übrigen Münzen, zur Familie – alles Bilder für das Volk Gottes, das Anteil an allen Gütern des Vaters hat und deshalb auch alles untereinander teilt.

- Es ist der Reichtum des Vaters, Seine Fürsorge, die uns ermöglicht, allem abzusagen, was wir besitzen, um es mit denen zu teilen, die bedürftig sind. In der Gemeinschaft der Gläubigen und darüber hinaus, wie die Mittel reichen, die wir aus Gottes Hand empfangen.

Das ist an sich schon sehr viel, mehr als man vielleicht sonst als Evangelium verkündigt bekommt. Und doch nicht alles. Die *ganze* Bibel ist die Grundlage des Glaubens, und die ist sehr dick und auch nicht immer leicht zu verstehen. Das gibt die Bibel auch selbst zu. Petrus schreibt etwa:

„Und seht die Langmut unseres Herrn als eure Rettung an, wie auch unser geliebter Bruder Paulus euch geschrieben hat nach der ihm gegebenen Weisheit, so wie auch in allen Briefen, wo er von diesen Dingen spricht. In ihnen ist manches schwer zu verstehen, was die Unwissenden und Ungefestigten ver-

drehen, wie auch die übrigen Schriften, zu ihrem eigenen Verderben." (2.Petr 3,15-16).

Die Bibel ist kein Mickey Maus Heft, sie stammt aus einer anderen Zeit als der unseren, einer anderen Kultur; man muss sich also etwas einarbeiten und auch anleiten lassen:

> *„[Philippus hörte den äthiopischen Kämmerer] den Propheten Jesaja lesen; und er sprach: Verstehst du auch, was du liest? Er aber sprach: Wie kann ich denn, wenn mich nicht jemand anleitet?" (Apg 8,30-31).*

Diese Anleitung muss zuerst einmal auf den Kern kommen. Petrus etwa betonte, dass wir auf die rettende Langmut Gottes schauen sollen, auch wenn das eine oder andere schwer verständlich ist. Das Evangelium selbst ist einfach und klar. So tat es auch Philippus mit dem Kämmerer; er ging von der Stelle aus, die er gerade las, und stellte die prophetischen Bezüge zum Herrn Jesus und dem Evangelium her:

> *„Die Schriftstelle aber, die er las, war diese: »Wie ein Schaf wurde er zur Schlachtung geführt, und wie ein Lamm vor seinem Scherer stumm ist, so tut er seinen Mund nicht auf. In seiner Erniedrigung wurde sein Gericht aufgehoben. Wer will aber sein Geschlecht beschreiben? Denn sein Leben wird von der Erde weggenommen!« Da wandte sich der Kämmerer an Philippus und sprach: Ich bitte dich, von wem sagt der Prophet dies? Von sich selbst oder von einem anderen? Da tat Philip-*

pus seinen Mund auf und begann mit dieser Schriftstelle und verkündigte ihm das Evangelium von Jesus." (Apg 8,32-35).

Darum geht es. Ein Prediger, Pfarrer oder Priester, der dir nicht den Herrn Jesus zeigt und dir das Evangelium erschließt, hat seinen Beruf verfehlt. Dort zuzuhören, ist verlorene Zeit. Das Evangelium aber bewirkt etwas im Zuhörer, und der äthiopische Kämmerer hat offenbar das Wesentliche verstanden:

"Als sie aber auf dem Weg weiterzogen, kamen sie zu einem Wasser, und der Kämmerer sprach: Siehe, hier ist Wasser! Was hindert mich, getauft zu werden? Da sprach Philippus: Wenn du von ganzem Herzen glaubst, so ist es erlaubt! Er antwortete und sprach: Ich glaube, dass Jesus Christus der Sohn Gottes ist! Und er ließ den Wagen anhalten, und sie stiegen beide in das Wasser hinab, Philippus und der Kämmerer, und er taufte ihn." (Apg 8,36-38).

Hier sind einige Dinge, die man wissen muss, die für die Heimkehr sehr wichtig sind:

Jesus, der Christus

Christus ist die griechische Übersetzung (und lateinische Übertragung) des hebräischen Titels Messias. Das bedeutet „der Gesalbte" und meint den von Gott erwählten König Israels, den Sohn Davids. So beginnt das Matthäusevangelium:

„Geschlechtsregister Jesu Christi, des Sohnes Davids, des Sohnes Abrahams." (Mat 1,1).

Es folgt eine lange Liste von Namen, die Jesu Abstammung von Abraham und David dokumentieren. Das ist wichtig, weil es um den Nachweis der Thronfolge geht, in die Christus (der Messias) hineingeboren wurde. Auf diesen Messias wartete Israel seit Generationen, und es ist wichtig zu verstehen, dass Er der König der Juden ist. Was hat Er dann mit uns zu tun? Durch den Messias soll die Erlösung zu allen Völkern gelangen:

„Und damit stimmen die Worte der Propheten überein, wie geschrieben steht: »Nach diesem will ich zurückkehren und die zerfallene Hütte Davids wieder aufbauen, und ihre Trümmer will ich wieder bauen und sie wieder aufrichten, damit die Übriggebliebenen der Menschen den Herrn suchen, und alle Heiden, über die mein Name ausgerufen worden ist, spricht der Herr, der all dies tut.« Gott sind alle seine Werke von Ewigkeit her bekannt." (Apg 15,15-18).

Christen haben im Lauf der Geschichte den Juden unglaubliches Leid zugefügt, obwohl unser Herr Jesus der König der Juden ist, der Sohn Davids, durch den auch wir Nichtjuden zu Ihm hin versammelt und mit dem erwählten Volk Gottes verbunden werden. Christus hat uns die Tür zu den Verheißungen gegeben, die Gott Abraham und seinen Nachkommen gegeben hat; durch den Glauben an Ihn gelten wir als vollwertige Söhne

Abrahams und Miterben und Mitteilhaber des Segens. Das war von jeher Gottes Plan, der von den Juden großteils jedoch selbst nicht erkannt wurde. Diese sind auf ihre eigene Art Verlorene, die wieder gefunden werden wollen; unsere Haltung gegenüber ihnen sollte von der Liebe Gottes erfüllt sein, der ihren gegenwärtigen Unglauben mit Trauer zur Kenntnis nimmt, wissend, dass sie am Ende doch noch in großer Zahl Buße tun werden. In den Worten des Paulus:

> *„Ich sage die Wahrheit in Christus, ich lüge nicht, wie mir mein Gewissen bezeugt im Heiligen Geist, dass ich große Traurigkeit und unablässigen Schmerz in meinem Herzen habe. Ich wünschte nämlich, selber von Christus verbannt zu sein für meine Brüder, meine Verwandten nach dem Fleisch, die Israeliten sind, denen die Sohnschaft und die Herrlichkeit und die Bündnisse gehören und die Gesetzgebung und der Gottesdienst und die Verheißungen; ihnen gehören auch die Väter an, und von ihnen stammt dem Fleisch nach der Christus, der über alle ist, hochgelobter Gott in Ewigkeit. Amen!" (Röm 9,1-5).*

Warum ist das wichtig? Um unsere Heimkehr besser zu verstehen, denn sie verbindet uns mit dem Volk Gottes seit Abraham, sowie den Gläubigen seit Adam; doch mit Abraham begann Gott, ein Volk aus dem Völkermeer für sich zu erwählen, das Seinen Namen vor der Welt bezeugen sollte. Das ist somit auch unsere Berufung. Wir sind eingetreten in die Geschichte eines Volkes, die mit uns nun fortgeschrieben wird, bis sie vollendet wird, wenn der Messias als König in Macht und Herrlichkeit zurückkehren wird.

Jesus, der Sohn Gottes

Jesus Christus ist nicht nur der Sohn Davids, sondern auch der Sohn Gottes. Ersteres beschreibt Sein Menschsein, das andere aber zeigt uns Seine Gottheit. Er ist ganz Gott und ganz Mensch, was für viele ein Ärgernis ist. Der Islam und das Judentum widersprechen dem gleichermaßen. Dennoch hat Philippus genau dieses Bekenntnis vom Kämmerer eingefordert:

> *„Da sprach Philippus: Wenn du von ganzem Herzen glaubst, so ist es erlaubt! Er antwortete und sprach: Ich glaube, dass Jesus Christus der Sohn Gottes ist!" (Apg 8,37).*

Warum ist das wichtig? Weil Gottes Sohn die Brücke schlägt zwischen Gott und den Menschen, indem Er sowohl an Gottes als auch unserer Natur Anteil hat. So konnte Er am Kreuz als Mensch für Menschen einstehen, um uns durch Seine Auferstehung ein neues Leben als Kinder Gottes zu ermöglichen, die – und das ist nicht auszuloten! – Teilhaber der göttlichen Natur werden. So sagt es Petrus:

„Da seine göttliche Kraft uns alles geschenkt hat, was zum Leben und zum Wandel in Gottesfurcht dient, durch die Erkenntnis dessen, der uns berufen hat durch seine Herrlichkeit und Tugend, durch welche er uns die überaus großen und kostbaren Verheißungen gegeben hat, damit ihr durch dieselben göttlicher Natur teilhaftig werdet, nachdem ihr dem Verderben entflohen seid, das durch die Begierde in der Welt herrscht, so setzt eben deshalb allen Eifer daran [und verwirklicht die Tugenden, die daraus kommen]." (2.Petr 1,3-5).

Dieses neue Leben in der Kraft Gottes ist notwendig, um den Begierden in der Welt dauerhaft zu entfliehen; dazu gehört die Absage an den Mammon, die dem natürlichen Menschen in der Regel unmöglich ist. Weil Gottes Sohn Mensch wurde, können Menschenkinder also Kinder Gottes werden; es entsteht tatsächlich eine geistliche, eine göttliche Familie.

Auch das ist wichtig, um unsere Heimkehr zu verstehen, denn wir werden nicht nur einem irdischen Volk hinzugefügt, das sterblich und vergänglich ist, sondern dem Volk des Neuen Bundes, des *erlösten* Israel, welches der Vergänglichkeit entrissen ist.

Dazu ist viel zu sagen, unter anderem auch, dass die Gottessohnschaft Jesu untrennbar mit Seiner Geburt aus der Jungfrau Maria zusammenhängt, wie es beim Propheten Jesaja 800 Jahre zuvor vorausgesagt worden ist und von den Evangelisten Matthäus und Lukas bezeugt wird. Für mich war das anfangs schwer zu schlucken, denn ich bin ein sehr naturwissenschaftlich orientierter Mensch, der sich mit Wundern schwergetan hat. Die erfrischende Ehrlichkeit der *natürlicherweise* skeptischen Maria aber hat mich beeindruckt:

> *„Und der Engel sprach zu ihr: Fürchte dich nicht, Maria! Denn du hast Gnade bei Gott gefunden. Und siehe, du wirst schwanger werden und einen Sohn gebären; und du sollst ihm den Namen Jesus geben. Dieser wird groß sein und Sohn des Höchsten genannt werden; und Gott der Herr wird ihm den Thron seines Vaters David geben; und er wird regieren über das Haus Jakobs in Ewigkeit, und sein Reich wird kein Ende haben. Maria aber sprach zu dem Engel: Wie kann das sein, da ich von keinem Mann weiß?" (Lk 1,30-34).*

Es ist erlaubt, so eine Frage zu stellen! Wie soll das gehen? Es ist natürlich, hier nicht sofort blind zu glauben, was gesagt wird. Maria selbst konnte es sich ebenso wenig vorstellen, wie jeder andere bodenständige Mensch! Genügt uns die Antwort des Engels, wie sie ihr genügt hat?

> *„Und der Engel antwortete und sprach zu ihr: Der Heilige Geist wird über dich kommen, und die Kraft des Höchsten wird dich überschatten. Darum wird auch das Heilige, das geboren wird, Gottes Sohn genannt werden. Und siehe, Elisabeth, deine Verwandte, hat auch einen Sohn empfangen in ihrem Alter und ist jetzt im sechsten Monat, sie, die vorher*

unfruchtbar genannt wurde. Denn bei Gott ist kein Ding unmöglich." (Lk 1,35-37).

Was mir als Atheist und Faktenmensch fehlte, war Gott in die Realität einzubeziehen. Mit Gott ist alles möglich – warum sollte ich ihn länger aus meiner Sicht auf die Welt und mein Leben ausblenden? Das ergibt ja gar keinen Sinn, schließlich lebe ich tagtäglich von den, was Er erschaffen hat. Bei Gott ist nichts unmöglich, und wenn mir das zu abstrakt ist: Er hat bei so vielen Menschen bereits Wunder getan! Der Engel verweist Maria auf die einst unfruchtbare und jetzt schwangere Elisabeth. Das hat Gott gewirkt! Das hat gewirkt, und mir genügt es, die Wunder Gottes vor Augen zu haben, seit ich meine Augen dafür geöffnet habe. Das sind Fakten, das gehört zur Wissenschaft. Wissenschaft ohne Gott ist Realitätsverweigerung.

„Maria aber sprach: Siehe, ich bin die Magd des Herrn; mir geschehe nach deinem Wort!" (Lk 1,38).

Gott nimmt unsere Antwort nicht vorweg, noch überfährt er uns mit Seinen Plänen und Seinem Willen. Er wartet auf unsere Antwort.

Die Jungfrauengeburt hat also direkt mit Seiner Gottessohnschaft zu tun und ist notwendig, damit diese nicht nur eine Idee ist, sondern eine Tatsache. Sie ist daher nicht verhandelbar und Teil dessen, was man glauben muss, um heimzukehren.

Die Taufe

Dass Philippus ausgehend von einem Text aus den Propheten, in dem die Taufe nicht vorkommt, das Evangelium so weit erklärt, dass der Kämmerer bei nächster Gelegenheit um die Taufe bitten konnte, finde ich bemerkenswert. Denn meistens wird die Taufe in der Evangeliumsverkündigung nicht erwähnt. Später einmal. Vielleicht. Stattdessen soll man ein Gebet nachsprechen oder einfach glauben. Dennoch ist es in der Bibel die Taufe, in der die Buße bekannt und der Bund mit Gott geschlossen wird. Sie gehört also zu Heimkehr dazu und ist der äußere Akt der inneren Umkehr. Petrus erklärt es so:

> *„[Die Taufe ist] nicht ein Abtun der Unreinheit des Fleisches, sondern die Bitte um ein gutes Gewissen vor Gott durch die Auferstehung Jesu Christi.“ (1.Petr 3,21).*

Ich habe hier die Übersetzung „Bitte" gewählt. Das Wort ist im Grundtext komplexer und kann auch mit Zeugnis, Antwort oder Bund übersetzt werden. Es kommt aus dem „Vertrags-Griechisch" und meint eine feste Übereinkunft, einen Bundesschluss, eine Zusage und Verpflichtung, oder auch einen Antrag, der hier in der Taufe vorgebracht wird. Die Taufe ist vor Gott also „rechtsverbindlich" – sie kostet ein bisschen Überwindung, sie soll uns durch ihren sichtbaren, äußeren Vollzug in unserer Entscheidung und Buße noch einmal herausfordern: Will ich das jetzt wirklich? Dadurch wird auch vermieden, dass man sich aus einer Emotion heraus oder im Rahmen eines Events gruppendynamisch „über den Tisch ziehen lässt".

Gott will eine mündige und gegründete Entscheidung. Deshalb ist die erst viel später (um 200 n.Chr.) aufgekommene Kindertaufe auch so ein Übel, da dadurch Menschen die Illusion vermittelt wird, gefunden zu sein, obwohl sie noch nie verloren waren, bzw. sich ihrer Verlorenheit bewusst geworden sind. Die Folgen für die Kirchen waren fatal, weil es keine Heimkehr ist, wenn man einer Gesellschaft von Menschen angehört, die mehrheitlich noch nie Buße getan haben, die noch nie gefunden wurden, die noch nicht heimgekehrt sind. Das wäre so, wie wenn die Wölfe im Wald dem verlorenen Schaf gesagt hätten: „Wir sind auch eine Schafherde!" Oder die Mäuse am Küchenboden zur verlorenen Münze: „Wir sind doch auch goldig!" Oder die falschen Freunde in der Fremde zum verlorenen Sohn: „Wir sind doch alle Brüder und Familie!" Nichts davon ist wahr – doch genau diesen falschen Eindruck vermitteln Kirchen ohne einem Bewusstsein von Verlorenheit, Buße und Heimkehr, wo man durch einen unbiblischen Ritus ungefragt im Anschluss an die natürliche Geburt aufgenommen wird.

Tertullian von Karthago schrieb noch um 200 n.Chr. gegen die damals aufkommende Kindertaufe:

„Sie sollen demnach auch kommen, wenn sie herangewachsen sind; sie sollen kommen, wenn sie gelernt haben, wenn sie darüber belehrt sind, wohin sie gehen sollen: sie mögen Christen werden, sobald sie imstande sind, Christum zu kennen. Aus welchem Grunde hat das Alter der Unschuld es so eilig mit der Nachlassung der Sünden?[5] Will man etwa in zeitlichen Dingen mit mehr Vorsicht verfahren und die göttlichen Güter einem anvertrauen, dem man irdische noch nicht anvertraut?" (Über die Taufe Kp. 18).

Die Heimkehr zu Gott und Seinem Volk beinhaltet zudem eine Abkehr vom alten sündigen und unreinen Leben, weshalb die Gemeinschaft „abgesondert" (heilig) sein soll:

„Zieht nicht in einem fremden Joch mit Ungläubigen! Denn was haben Gerechtigkeit und Gesetzlosigkeit miteinander zu schaffen? Und was hat das Licht für Gemeinschaft mit der Finsternis? Wie stimmt Christus mit Belial überein? Oder was hat der Gläubige gemeinsam mit dem Ungläubigen? Wie stimmt der Tempel Gottes mit Götzenbildern überein? Denn ihr seid ein Tempel des lebendigen Gottes, wie Gott gesagt hat: »Ich will in ihnen wohnen und unter ihnen wandeln und will ihr Gott sein, und sie sollen mein Volk sein«. Darum geht

---

[5] Gott verurteilt niemanden, der Gut und Böse nicht unterscheiden kann (der unmündig ist), weshalb die kleinen Kinder unschuldig sind.

hinaus von ihnen und sondert euch ab, spricht der Herr, und
rührt nichts Unreines an! Und ich will euch aufnehmen, und
ich will euch ein Vater sein, und ihr sollt mir Söhne und
Töchter sein, spricht der Herr, der Allmächtige." (2.Kor
6,14-18).

Das biblische Zeugnis ist klar:

„Da sprach Petrus zu ihnen: Tut Buße, und jeder von euch
lasse sich taufen auf den Namen Jesu Christi zur Vergebung
der Sünden; so werdet ihr die Gabe des Heiligen Geistes
empfangen. Denn euch gilt die Verheißung und euren Kindern
und allen, die ferne sind, so viele der Herr, unser Gott,
herzurufen wird. Und noch mit vielen anderen Worten gab er
Zeugnis und ermahnte und sprach: Lasst euch retten aus
diesem verkehrten Geschlecht! Diejenigen, die nun bereitwillig
sein Wort annahmen, ließen sich taufen, und es wurden an
jenem Tag etwa 3 000 Seelen hinzugetan." (Apg 2,41).

Hinzugetan zum Volk Gottes. Die Taufe muss also frei-
willig sein; so ist auch das Volk Gottes ein Volk von
Freiwilligen, die dem Herrn Jesus nachfolgen, weil sie Ihn
lieben, Ihm glauben und Ihm unendlich dankbar sind
dafür, was Er für uns getan hat.

Gemeinschaft

Die Verlorenen in den Gleichnissen wurden heimgebracht, heim zur Herde, heim zu den übrigen Münzen,

heim zur Familie. Das bedeutet, dass wir uns auf andere Menschen einstellen müssen, die wie wir aus der Verlorenheit heraus errettet wurden und über Buße und Taufe dem Volk Gottes hinzugefügt worden sind. Damit verbunden ist eine Herausforderung:

> *„Jeder, der glaubt, dass Jesus der Christus ist, der ist aus Gott geboren; und wer den liebt, der ihn geboren hat, der liebt auch den, der aus Ihm geboren ist. Daran erkennen wir, dass wir die Kinder Gottes lieben, wenn wir Gott lieben und seine Gebote halten. Denn das ist die Liebe zu Gott, dass wir seine Gebote halten; und seine Gebote sind nicht schwer." (1.Joh 5,1-3).*

Zuerst einmal gilt es nämlich, lieben zu lernen. Menschen lieben zu lernen, die man noch nicht kennt. Menschen, die man von sich aus vielleicht unsympathisch findet, oder mit denen man aus anderen Gründen nie Kontakt suchen würde. Die Pharisäer, die an den Herrn Jesus gläubig wurden (die gab es auch), mussten lernen, die so verachteten Zöllner und Sünder, die wie sie selbst als Verlorene gefunden worden sind, zu lieben. Diese Liebe, welche alle zwischenmenschlichen Grenzen, Vorbehalte und Feindschaften überwindet, ist das Kennzeichen der Jünger Jesu. Es ist eine göttliche Liebe, zu der wir naturgemäß nicht fähig sind, da wir alle uns durch Abgrenzung von anderen definieren (Status, sozialer Rang, Herkunft,

Volkszugehörigkeit, …). In Gottes Liebe wird all das überwunden:

„Denn Er ist unser Friede, der aus beiden eins gemacht und die Scheidewand des Zaunes abgebrochen hat, indem er in seinem Fleisch die Feindschaft, das Gesetz der Gebote in Satzungen, hinwegtat, um die zwei in sich selbst zu einem neuen Menschen zu schaffen und Frieden zu stiften, und um die beiden in einem Leib mit Gott zu versöhnen durch das Kreuz, nachdem er durch dasselbe die Feindschaft getötet hatte. Und er kam und verkündigte Frieden euch, den Fernen, und den Nahen; denn durch ihn haben wir beide den Zutritt zu dem Vater in einem Geist." (Eph 2,14-18).

Die Rede ist hier von Juden und Nichtjuden, die gleichermaßen von Christus angenommen und zu einer neuen Gemeinschaft gemacht wurden. Diese neue Gemeinschaft, bzw. der Neue Bund ist zuerst Gottes Angebot an Israel, um die durch die Sünde gestörte Beziehung zwischen Ihm und Seinem Volk auf eine neue Basis zu stellen. Der Neue Bund ist nicht mehr wie der Alte, in dem die Gesetze in Stein gemeißelt waren; die Gesetze werden nun auf die Herzen geschrieben. Damit ist die neue Geburt beschrieben, welche eine grundlegende Veränderung des Menschen bewirkt. In diesen Neuen Bund werden alle anderen Menschen, egal aus welchem Volk sie stammen, eingeladen, daran teilzuhaben, Miterben zu werden. Diese Absicht Gottes war bereits bei den Propheten geheimnisvoll angedeutet, ist aber erst durch Christus deutlich ans Licht gebracht worden:

> *„Und es wird geschehen an jenem Tag, da werden die Heidenvölker fragen nach dem Wurzelsproß Isais [= Jesus Christus], der als Banner für die Völker dasteht; und seine Ruhestätte wird Herrlichkeit sein. Und es wird geschehen an jenem Tag, da wird der Herr zum zweitenmal seine Hand ausstrecken [= Neuer Bund], um den Überrest seines Volkes, der übriggeblieben ist, loszukaufen aus Assyrien und aus Ägypten, aus Patros und Kusch und Elam und Sinear, aus Hamat und von den Inseln des Meeres. Und er wird für die Heidenvölker ein Banner aufrichten und die Verjagten Israels sammeln und die Zerstreuten Judas zusammenbringen von den vier Enden der Erde.“ (Jes 11,10-12).*

Der Neue Bund bringt also am Ende Israel wieder in Gemeinschaft mit Gott, zumindest einen Überrest – denn auch hier gilt, dass die Verlorenen ihre Verlorenheit erkennen und Buße tun müssen, und dies bleibt eine freie Entscheidung des Einzelnen. Gleichzeitig ergeht dieselbe Einladung an die ganze Welt.

> *„Daran könnt ihr, wenn ihr es lest, meine Einsicht in das Geheimnis des Christus erkennen, das in früheren Genera-tionen den Menschenkindern nicht bekanntgemacht wurde, wie es jetzt seinen heiligen Aposteln und Propheten durch den Geist geoffenbart worden ist, dass nämlich die Heiden Mit-*

*erben und mit zum Leib [= Israel des Neuen Bundes]
Gehörige und Mitteilhaber seiner Verheißung sind in
Christus durch das Evangelium." (Eph 3,4-6).*

Die leidvolle und hasserfüllte Geschichte zwischen den
sogenannten Christen und den Juden zeigt, wie wenig
diese Zusammenhänge oft verstanden worden sind,
weshalb ich es hier – im Blick auf das Heimkommen –
ausdrücklich hervorheben möchte, dass die christliche
Gemeinde nicht getrennt vom Volk der Verheißung verstanden werden darf. Auch wenn wir „Heidenchristen",
die wir aus verschiedensten Völkern kommen, kaum Be-
rührung mit „Judenchristen" haben mögen.

Die nächste Frage ist nun: Wo gibt es solche Gemeinden?
Gemeinden, wo das Evangelium ganz verkündigt wird.
Gemeinden, wo man aufgrund einer mündigen und
freien Entscheidung getauft wird. Gemeinden, wo man
untereinander so gut es geht alles teilt. Gemeinden, die
ihren Auftrag zum Dienst ernst nehmen. Gemeinden, wo
erkennbar der Herr Jesus in der Mitte ist.

Ich denke, es ist wie mit der Suche nach den Verlorenen.
Hat der Herr dich gefunden, so wird Er auch einen Ort
finden, wo du hinein heimkehren kannst. Die eigentliche
und vollkommene Heimkehr steht uns allen noch bevor;
alle irdischen Gemeinschaften sind daher mangelhaft.

Philippus hat den Kämmerer auch nicht gleich an eine Gemeinde verweisen können.

„Der Kämmerer sah Philippus nicht mehr; denn er zog voll Freude seines Weges." (Apg 8,39).

Halte also zuerst an der Freude fest. Vertraue auf Gottes Führung. Bete und bete mehr. Lies das Wort Gottes im Hinblick auf die rettende Langmut Gottes und das Evangelium, ohne dich mit schwierigen Stellen zu sehr zu belasten. Lass dich anleiten, wenn Gott dir einen Philippus sendet. Lass dich dort einfügen, wohin Gott dich heimführen will. Tu, was du verstanden hast. Liebe.

„Dein Wort ist meines Fußes Leuchte und ein Licht auf meinem Weg." (Psalm 119, 105).